Rudolf Hercher

Homerische Aufsätze

Rudolf Hercher

Homerische Aufsätze

ISBN/EAN: 9783744633161

Hergestellt in Europa, USA, Kanada, Australien, Japan

Cover: Foto ©Thomas Meinert / pixelio.de

Weitere Bücher finden Sie auf www.hansebooks.com

HOMERISCHE AUFSÄTZE

VON

RUDOLF HERCHER

MIT DEM BILDNISS HERCHERS

—BERLIN
WEIDMANNSCHE BUCHHANDLUNG
1881

Die wenigen Änderungen beruhen auf handschriftlichen Notizen Herchers. Die Schlussvignette, die den Hund des Cheiron darstellt, wie er den kleinen Achilleus durch Hängenlassen der Ohren und Wedeln des Schweifes begrüfst, ist einer attischen Vase des Britischen Museums entnommen, die man in dem ersten Heft des *Journal of hellenic studies* t. II publiciert findet.

C. Robert.

I

HOMER
UND DAS ITHAKA DER WIRKLICHKEIT.

[Hermes II 263.]

Im Frühling des Jahres 1806 begab sich William Gell nach Ithaka, um zu untersuchen, ob Homers Schilderungen der dortigen Oertlichkeiten der Wirklichkeit entsprächen oder nicht. In Folge antiquarischer Hallucinationen erkannte er den Dichter auch in den kleinsten Details wieder. Seine Entdeckungen veröffentlichte er in einem splendiden Quartbande, in welchem sich aufser dem Text eine Reihe Ansichten verschiedener Punkte der Insel von der Hand eines ungeschickten und theilweise unwahren Dilettanten befinden.

Gells Nachfolger fühlten sich nicht berufen, gegen seine Visionen zu protestieren; vielmehr schämten sie sich, an solchen Stellen nichts zu sehen, wo jenem alles klar gewesen war. Sie begnügten sich also, die Selbständigkeit ihres Urtheils dadurch zu wahren, dafs sie das Landgut und die Gärten des Laertes von einer Hügelspitze zur andern versetzten, und für die mittlerweile abhanden gekommene Gellsche Nymphengrotte aus dem Naturalienkabinet der Insel eine neue hervorsuchten. Selbst der letzte Berichterstatter über Ithaka, George Ferguson Bowen, konnte nach dreijährigem Aufenthalt auf der Insel keine andere Ueberzeugung gewinnen, als dafs Gell mit seinen Versicherungen Recht gehabt habe.

Statt Homers Gegenwart auf Ithaka als ein fait accompli hinzustellen, hätte Gell besser gethan, Homers Worte und die Insel selber genau zu confrontieren, damit er begriffen hätte, dafs zwischen dem Ithaka Homers und der Wirklichkeit eine Reihe factischer Widersprüche bestehen, die nicht hinwegzuinterpretieren sind.

Die Aeufserungen Homers über die Lage und die Natur Ithakas stehen nicht in allen Theilen der Odyssee auf gleicher Stufe des Wissens. Im neunten Buch beginnt Odysseus die Erzählung seiner Abenteuer mit einer Notiz über seine Person und sein Vaterland:

Ithakas sonnige Höhen sind meine Heimath; in dieser
Thürmet sich Neritons Haupt mit rauschenden Wipfeln, und ringsum,
264 Dicht an einander gereiht sind viele bevölkerte Inseln,
Same, Dulichion, und die waldbewachsne Zakynthos.
Ithaka liegt in der See am höchsten draufsen von allen
Gegen den West; die andern sind weit ab östlich entfernet.

Nach dieser Stelle ist Ithaka die westlichste Insel einer Gruppe, die sich von Osten nach Westen erstreckt und, Ithaka abgerechnet, aus Dulichion, Same und Zakynthos besteht. Ithaka liegt ausgesprochener Mafsen weit entfernt von den anderen drei Inseln. Es ist nicht zu entscheiden und für unsern Fall völlig gleichgültig, ob sich Homer jene Inseln als eine von Osten nach Westen gelagerte Horizontalgruppe oder in der Richtung einer Linie gedacht hat, die sich von Südost nach Nordwest bewegt; sicher ist, dafs der Dichter des neunten Buches Ithaka westlich von Kephallenia und an die Grenze der bekannten Welt setzt, und dafs er, wenn er in Ithaka gewesen wäre und nur mit halben Augen hingesehen hätte, die Lage der beiden Inseln zu einander auf keinen Fall verwechselt haben würde.

Der Wirklichkeit etwas näher steht Homer in denjenigen Büchern der Odyssee, deren Schauplatz die Insel selbst ist, und in denen er den zwischen Ithaka und Kephallenia befindlichen Sund ausdrücklich erwähnt.¹) Beide Inseln sind hiedurch einander erheblich genähert, und liegen nicht mehr, wie im neunten Buche, in unbestimmter Ferne von einander ab. Ob Ithaka rechts oder links von Kephallenia liegt, ist nicht gesagt; aber willkührlich ist, wenn von Homer eine Insel Asteria in jenen Sund versetzt wird, die zu keiner Zeit da gelegen hat, und mit welcher jedenfalls das heutige Dracontio, ein am nördlichen Ausgang der Meerenge gelegenes Riff, um so weniger identificiert werden darf, als nach Homer jene Insel einen Hafen mit zwei Eingängen oder gar einen Doppelhafen besessen hat.

Auch darin zeigt sich in der Telemachie ein Zuwachs der geographischen Kenntniss Homers, dafs in ihr Ithaka dem Festland näher gerückt ist. Aber leider wieder zu nahe, als dafs man persönliche Erfahrungen des Dichters voraussetzen dürfte. Wir wissen, dafs Odysseus auf dem Festlande allerhand Heerden besafs. Von diesen wurden täglich einige Stück in regelmäfsigem Dienst nach Ithaka übergeführt.²) Eine derartige tägliche Lieferung ist bei Eumaios, der aus gleichem Grund täglich mit einigen Säuen zur Stadt geht, ganz erträglich, wird aber absurd,

---

¹) δ 671. ο 29.

²) Mit den von Eumaios ξ 100 aufgezählten Heerden stimmt nicht genau der Transport υ 186, wo Philoitios nur eine unfruchtbare Kuh und einige Ziegen überführt. Vergessen oder nicht gekannt ist jene Lieferung ρ 170, wo die Stunde der Hauptmahlzeit durch ἐπήλυθε μῆλα πάντοθεν ἐξ ἀγρῶν, οἳ δ' ἤγαγον, οἳ τὸ πάρος περ indiciert wird. Die Thiere, welche unter μῆλα begriffen sind, werden gleich nachher aufgezählt, Schafe, Ziegen, Schweine und ein Rind. Auch ξ 105 ist μῆλον überhaupt ein Stück Vieh, nicht nur Kleinvieh (Vers 106 ist Zusatz von fremder Hand), und ebenso ψ 356. In Ställen wird bei Homer das Schlachtvieh nicht eingestellt.

wenn man, ganz abgesehen davon, dafs der Dichter, wie gewöhnlich, ohne Wind und Wellen rechnet, den Abstand Ithakas vom Festland bedenkt, wie ihn jede Karte lehren kann. Wie wenig dies freilich den Dichter kümmert, ersieht man daraus, dafs er dieselbe Ungeheuerlichkeit auch in der Ilias *I* 71 vorträgt, wo Nestor den Agamemnon veranlasst, den griechischen Fürsten ein Mahl zu geben:

Voll sind dir die Gezelte des Weins, den der Danaer Schiffe
Täglich aus Thrakien her auf weitem Meere dir bringen.

Aber Homer hat natürlich auch die troische Küste und ihr Meer nicht mit eigenen Augen gemessen.

Auch von den auf Ithaka in Wirklichkeit bestehenden Verhältnissen von Hoch und Tief hat der Dichter keine Vorstellung.[3]) Aus seiner Verwendung der Ausdrücke des Auf- und Abwärtssteigens folgt freilich, was sich schon von selbst verstand, dafs die Campagna Ithakas (ἀγρός), das heifst, die ganze Insel, mit Ausnahme der Stadt und des Königshauses, höher gelegen ist, als diese beiden Punkte[4]), und dafs diese wiederum höher liegen

---

[3]) Eine ähnliche Unkenntniss zeigt sich im vierten Buch. Dort öffnet sich vor Peisistratos und Telemach, nachdem sie Pherai verlassen haben, eine waizentragende Ebene, und in dieser rollt ihr Wagen fort bis nach Sparta. Wo bleibt der Taygetos, der doch wahrhaftig kein verächtlicher Berg ist? Sollen wir mit einem neueren Gelehrten glauben, dafs es den homerischen Menschen gelungen sei, über dies Gebirg, das nie befahren worden ist, eine Fahrstrafse zu bauen, oder ist es nicht vorsichtiger, anzunehmen, dafs der Dichter an jener Stelle vom Taygetos nichts weifs, und dafs sich Peisistratos und Telemach auf ihrem Wagen nicht deswegen frank und frei bewegen, weil sie sich auf einer Kunststrafse befinden, sondern weil es der Wille des Dichters ist, der seine Helden auf einem imaginären Richtwege durch Dick und Dünn auf ihr Ziel losführt?

[4]) Man hat aus περισκέπτῳ ἐνὶ χώρῳ α 426 geschlossen, dafs der Palast des Odysseus auf einer Höhe gelegen habe. Allein

als der Hafen; dagegen braucht Homer jene Ausdrücke niemals zur Bezeichnung eines Ganges im Innern der Stadt oder von der Stadt zu dem Königshaus. Er hat also offenbar zwischen Stadt und Königshaus und in der inneren Stadt keinen Terrainunterschied angenommen; vielmehr denkt er sich beide etwa auf einer Horizontalfläche liegend [5]), jedenfalls nicht am Abhange eines Hügels oder Berges. [6]) Mit dieser Vorstellung harmoniert das reale Ithaka sehr schlecht. Denn wenn wir die theilweise erst in neuerer Zeit geschaffene schmale Fläche abrechnen, auf welcher Vathy liegt, so hat Ithaka keine fünfzig Schritt horizontalen Bodens aufzuweisen. Da seine Ufer nach allen Seiten hin mehr oder weniger steil abfallen, so ist nicht zu bezweifeln, dafs, wenn zu Homers Zeiten eine Stadt auf Ithaka gelegen hat, ihre Lage durch die Ufergestaltung (denn am Wasser muss sie gelegen haben) nicht weniger bedingt gewesen ist, als die der späteren Stadt, deren Ruinen sich von dem Fufse des Hügels Aito in steilem Abfall nach der inneren Spitze des Hafens Molo hinabziehen. Aber wo wäre bei solchem Terrain Raum für den Marktplatz gewesen, den sich Homer schwerlich

jene Phrase beweist nichts; denn der Dichter braucht sie auch da, wo er den Palast der Kirke placiert, der bekanntlich in einer Waldschlucht liegt. Auch π 351 meldet nicht das mindeste von einem erhabenen Punkte, auf welchem das Herrenhaus gelegen habe.'

[5]) Im letzten Buch (468) heifst die Stadt εὐρύχορος, was beweist, dafs der Dichter jenes Buches so wenig etwas von dem realen Boden Ithakas gewusst hat, wie die Dichter der übrigen Bücher.

[6]) Wenn es ω 205 von Odysseus und Genossen, die den Laertes in seinem Weinberg besuchen, heifst
  Jene gingen den Weg von der Stadt hinunter und kamen
  Bald zu dem wohlbestellten und schönen Hofe Laertes',
so ist dies eine Gedankenlosigkeit des Dichters jenes Buches, die den sonst in der Odyssee bestehenden natürlichen Terrainverhältnissen durchaus widerspricht. Im elften Buch (188) geht man, wie es sich gehört, von Laertes Landgut zur Stadt hinab.

anders als eben gedacht hat[7]); wo für den freien Platz vor dem Königshaus, wo die Freier Speere und Wurfscheiben schleudern[8]); oder wie hätten die Freier, die Homer nie straucheln lässt, in dunkler Nacht schlaftrunken oder weinschwer über die Uferterrassen hinab ihren Weg nach Hause finden können?

Auch der Hafen Ithakas entspricht in Wirklichkeit den Andeutungen Homers keinesweges. Seine Tiefe variiert hart an der Küste zwischen vierzig und fünfzig Faden, und nur am Fufs des Aito enthält er eine Stelle, wo gröfsere Schiffe nicht unmittelbar an die Küste anfahren können. Die Tiefe seines Nebenhafens Skinos beträgt an der Einfahrt vierzig Faden; die des Nebenhafens, an welchem Vathy liegt, in der Nähe des Leuchtfeuers sechzehn, und es können in ihm die gröfsten Kauffahrer fast unter den Fenstern ihrer Eigenthümer anlegen. Unter solchen Umständen ist es widersinnig, wenn Homer den Hafen Ithakas mit einer Flachküste (θὶς θαλάσσης) umschliefst, und wenn die Ithakesier ihre Schiffe über den Sand des Ufers ins Meer schieben oder aus dem Meer ziehen; wir werden vielmehr, da Homer sonst recht gut zwischen Steilufer und Flachküste zu unterscheiden versteht und unter Umständen seine Schiffe auch an Steilküsten ankern lässt, an dem Touristen Homer auch dies Mal zweifeln und der Ansicht sein dürfen, er werde, wenn er Ithaka und seinen Hafen gekannt hätte, die Configuration desselben nicht füglich mit Bewusstsein ignoriert haben.

Gleich willkührlich behandelt Homer die klimatischen Verhältnisse der Insel. Noch Niemand hat genügend erklärt, wie jene Himmelsstriche dazu kommen, zu Homers

---

[7]) Von der Agora der Phäaken wird mit Bestimmtheit ausgesagt, dafs sie eine Ebene sei θ 122.
[8]) τυκτὸν δάπεδον ρ 167.1

Zeiten von 'unendlichem Regen'⁹) befruchtet zu werden. Und wie soll Ithaka, das nicht blos nach Telemachs Versicherung¹⁰), sondern in der That ohne Ebenen und Wiesen ist, das vor zweihundert Jahren seinen ganzen Getraidebedarf von Santa Maura und dem Festlande bezog, und gegenwärtig bei möglichst sorgfältiger Bodencultur seinen Bewohnern nur für ein Drittel oder im günstigsten Fall für kaum die Hälfte des Jahres Getraide liefert, zur Zeit Homers 'unendliches Getraide'¹¹) erzeugt haben? Was ist Ἰθάκης ἐν πίονι δήμῳ oder ἔργα Ἰθάκης anders als eine Phrase? Und zeigt sich nicht gleiche Unkenntniss der realen Verhältnisse der Insel, wenn Homer die Rinderzucht, die er sonst verständigerweise nach dem Continent verlegt, an einer anderen Stelle als in Ithaka heimisch bezeichnet?¹²)

Die eben aufgeführten Widersprüche erscheinen demjenigen erklärlich, ja natürlich, der sich zu dem Glauben entschliefsen kann, dafs Homer Ithaka nie gesehen habe; dagegen reicht es zu ihrer Erklärung nicht hin, sich auf Strabos Hypothese zu berufen¹³), als habe die Insel durch Erdbeben und ähnliche Revolutionen weitgreifende Bodenveränderungen erfahren. Durch ein Erdbeben jedenfalls kann Ithaka nicht vom äufsersten Westen in seine gegenwärtige Lage geschleudert worden sein.

Aber auch dazu gehört nach dem vorher Bemerkten wenig Scharfsinn, zu begreifen, weshalb gerade Ithaka dazu ausersehen wurde, das Vaterland des Odysseus zu

---
⁹) ν 245.
¹⁰) δ 605.
¹¹) ν 244.
¹²) ν 246. Vgl. ρ 170. Hierher gehört auch der Düngerhaufe vor dem Königshaus, mit dem das 'grosse' τέμενος des Odysseus gedüngt wird ρ 299.
¹³) I 18 S. 59.

worden. Wenn die unbewusste Sagenbildung aufhört, so fällt die Sage entweder der rationalistischen Auflösung anheim, oder sie wird lokalisiert und heftet sich an bekannte Gegenden. Als die Abenteuer des vielgewanderten Odysseus, welche die Sage auf den Inseln des mythischen Westmeeres spielen läfst, ihren Ausgangspunkt und ihr Ziel finden sollten, da bedurfte es eines Landes, welches an der Grenze eben jenes Schauplatzes, des Westmeeres, lag. Und hiezu eignete sich nur Ithaka, das, wie wir gesehen haben, für den Glauben jener Zeit unter den westlichen Ländern der bekannten Erde das westlichste war.

Ferner ist nicht zu übersehen, dafs Ithakas Weltstellung, so weit die historische Erinnerung zurückreicht, eine äufserst bescheidene und dafs die Insel zu allen Zeiten kaum mehr als ein Name gewesen ist. In der alten Geschichte hat sie nirgends eine Stelle gefunden[14]); im Mittelalter erscheint sie, ohne dafs sich das geringste historische Factum an ihren Namen knüpft, ein paar Mal in Diplomen und in den Titeln italienischer Familien als dauernde Dependenz der Grafschaft Cefalonia; und auch unter den Venetianern ist sie so wenig von der gröfseren Nachbarinsel geschieden, dafs man zeitweilig sogar ihren Namen ignoriert und sie Klein-Cefalonia nennt.

Auch die Dürftigkeit der für Ithaka fliefsenden geographischen Quellen zeugt von dem geringen Interesse, welches die Insel in Wirklichkeit erweckte. Strabo, der Ithaka nie gesehen hat, schöpft seine ganze Weisheit aus Homer, eine einzige Notiz ausgenommen, nach welcher irgend wer eine Fahrt um die Insel unternommen und die Nymphengrotte gesucht, aber nicht gefunden hatte[15]);

---

[14]) [Gelegentliche Erwähnung bei Plutarch Moral. p. 298 E.]
[15]) Strabo I 18 S. 59. Dieselbe Notiz hat auch Kronios bei Porphyr. A. N. 2. Er citiert τοὺς τὰς περιηγήσεις τῆς νήσου γράψαντας.

— 9 —

und auch Artemidor von Ephesos [16]), der von den Raritäten Ithakas nur den Hafen Phorkys und die Nymphengrotte kennt, berichtet keinesweges als Augenzeuge, sondern nur als Leser Homers.[17]) In der neueren Zeit weifs Francesco Baldu, der 1622 von Cefalonia nach Venedig zurückkehrte, nichts von homerischen Antiquitäten auf Ithaka, sondern constatiert nur die Felsennatur der Insel, und berichtet über ihre Producte, über die Steuern, die sie an die Kammer von Cefalonia zu zahlen habe, und über den Charakter ihrer Bewohner. Von jeher ist Ithaka in Folge seiner Bedeutungslosigkeit für die grofse Handelsstrafse des Mittelmeeres von fremden Schiffen gemieden worden.

Dürfen wir uns Angesichts dieser Isolierung Ithakas sogar in Zeiten des lebendigsten Verkehrs auf den angrenzenden Meeren einen Rückschlufs auf Homers Zeit erlauben, so kann die Insel zu einer Zeit, in welcher die Schiffahrt nur wenig entwickelt war, unmöglich in reicheren Verbindungen und Beziehungen gestanden haben, als späterhin; vielmehr wird sie auch damals nichts anderes als ein blofser Name gewesen sein. Der blofse Name Ithakas aber und etwa der des Berges Neriton kann die Neugier des ionischen Dichters nicht in dem Grade gereizt haben, dafs er sich auf die Gefahr hin, seine Rechnung in keiner Weise zu finden, nach Ithaka begeben

---

[16]) Porphyr. a. O. 4. τῆς δὲ Κεφαλληνίας ἀπὸ Πανόρμου λιμένος πρὸς ἀνατολὴν ἀπέχουσα δώδεκα στάδια νῆσός ἐστιν Ἰθάκη σταδίων ὀγδοήκοντα πέντε, στενὴ καὶ μετέωρος, λιμένα ἔχουσα καλούμενον Φόρκυνα. ἔστι δ' αἰγιαλὸς ἐν αὐτῷ, κἀκεῖ νυμφῶν ἱερὸν ἄντρον, οὗ λέγεται τὸν Ὀδυσσέα ὑπὸ τῶν Φαιάκων ἐκβιβασθῆναι.

[17]) Wie weit Ciceros Aeufserung (de Orat. I, 44), dafs die Stadt Ithaka wie ein Nest am Felsen klebe, auf Anschauung beruhe, lassen wir billigerweise dahingestellt.

haben sollte. Und hiemit erledigt sich zugleich die naive Anschauung Gells, als habe Homer einen Besuch auf Ithaka deshalb nicht vermeiden können, weil seine Schilderungen 'einer so nah bei Griechenland gelegenen und so leicht zugänglichen Insel' die Controle seiner Zeitgenossen herausfordern mussten, und weil er, wenn er nicht nach der Natur geschildert hätte, als Lügner erschienen sein würde. Aber von den nachbarlichen Einwohnern zu Ephyra und Dodona hatte Homer in dieser Beziehung nichts zu fürchten, und was seine speciellen Landsleute, die Ionier, anlangt, so war der Weg von Ionien nach Ithaka weit, und er hatte bei dem Vortrag seiner Gesänge kein skeptisches Publicum vor sich. Denselben Glauben, mit dem er selber die Sagen der Odyssee empfing und gestaltete, fand er auch bei seinen Zuhörern wieder, die seinen Liedern unbefangen und bewundernd lauschten, im äufsersten Falle über das Unerhörte staunten, aber nie von den Zweifeln der Kritik beschlichen wurden. Und wie wäre es anders möglich gewesen in einer Zeit, wo aus dem Munde des Dichters der Gott selbst redete, und der persönliche Verkehr mit der Götterwelt so wenig als aufgehoben angesehen wurde, als man etwa im heutigen Irland die Beziehungen lebender Personen zu den Feen zu leugnen wagt?

Aber gegen die Autopsie Homers streiten noch andere Gründe, vor allem gewisse Vorstellungen, die dem Dichter, weil er sie an nichts Reales anknüpft, nur in der allgemeinsten Gestalt, ohne irgend welches individuelle Gepräge vorschweben. So sind bei ihm zwei Begriffe, die mit dem der Culturinsel gegeben sind, Stadt und Hafen, völlig physiognomieles. In der Regel redet Homer nur von 'der Stadt'; und wenn diese wirklich ein paar Mal den Namen Ithaka trägt, so ist sie dadurch nicht eben individueller gefärbt; denn was liegt näher, als* dafs der Dichter die einzige Stadt, die er auf der Insel fingiert, wenn sie einmal einen Namen haben soll, mit dem der Insel belegt? Durchaus namenlos ist 'der Hafen'. Aber hätte er in Wirklichkeit existiert, und neben ihm die Häfen Rheithron und Phorkys, so hätten ihn sicherlich die Ithakesier von diesen beiden durch einen besonderen Namen unterschieden, und Homer hätte diesen Namen nicht überhören können.[18]) Allgemeinster Natur ist auch 'der Berg', von dem die Adler herabfliegen.[19]) Jedenfalls hat man nicht das geringste Recht, aus dem vagen Ausdruck den Berg Neriton herauszulesen. Auch das Bild der Insel selber steht vor der Seele des Dichters zunächst nur als etwas Generelles, ohne bestimmten Contour[20]), ohne Massenvertheilung; sie ist ihm eine Insel wie eine andere. Es ist also nicht als specifische Eigenthümlichkeit gerade Ithakas anzusehen, dafs es keine Fahrstrafsen besitzt, oder dafs es, was freilich seine Natur ganz richtig bezeichnet, κραναή oder τρηχεῖη genannt wird, sondern das felsige und schroffe ist für Homer ein charakteristisches

---

[18]) Auch der Schmied, der in Pylos die Hörner des zu opfernden Stieres vergoldet, ist als generelle Figur namenlos. Eine Reihe anderer Beispiele von Anonymität giebt Bekker Homer. Bl. S. 109. Die Odyssee braucht, wie das Märchen, wenig Namen; die Ilias ungleich mehr, da kein Kämpfer namenlos fallen darf.

[19]) ἐξ ὄρεος τ 538. ὑψόθεν ἐκ κορυφῆς ὄρεος β 147. ἐξ ὄρεος ὅθι οἱ γενεή τε τόκος τε ο 175.

[20]) Wie wenig Gewicht Homer auf lokale Abgrenzung legt, beweist recht deutlich der Vers, mit dem er Telemach aus der Volksversammlung nach dem Meere wandern läfst:
Und Telemachos ging beiseit ans Ufer des Meeres.
Dafs Telemach nicht am Hafen beten kann, liegt auf der Hand; er sucht Einsamkeit und das freie, weite Meer. Homer versetzt ihn also dahin durch einen plötzlichen Scenenwechsel. Auf dem wirklichen Ithaka wäre eine solche Wanderung nicht ohne erheblichen Zeitverlust auszuführen. Viel fafslicher ist der Gang des Chryses nach dem Meere, der mit derselben Formel vollzogen wird.

Merkmal aller griechischen Inseln, die, wie er ausdrücklich
bemerkt, für Rosse zur Laufbahn oder zur Weide gleich
unbrauchbar sind. Ebenso ist auch das Königshaus zunächst kein individuelles Gebäude, sondern ein solches,
das der Dichter nach dem von ihm beliebten Typus des
idealen Heroenhauses aufgeführt hat, und dessen Ge-
schwister, die Paläste des Alkinoos, des Menelaos und
des Nestor sich in nichts wesentlichem von ihm unterscheiden.[21])

---

[21]) Wie zäh die homerische Plastik ihre allgemeinen Bilder
festzuhalten pflegt, und wie sie sie nur bei besonderen Gelegen-
heiten zu unterbrechen liebt, zeigt die Art, wie die homerischen
Menschen zu Land und zur See reisen. Das Bild, welches der
Dichter beim Beginn der Fahrt entwirft, bleibt in der Regel un-
verändert bis zur Beendigung derselben. Zwischenfälle mensch-
licher Art, wie Essen und Trinken, sind unerhört, ebenso das
Schlafen; nur Odysseus versinkt zwei Mal in Schlaf, einmal in
Folge eines Zaubers, und das andere Mal, weil seine Gefährten
den Windschlauch öffnen sollen. Erst wenn die Reise zu Ende
ist, löst sich das Bild, man steigt ans Land oder vom Wagen und
nun sorgt man auch für die Bedürfnisse des Leibes, für Speise,
Trank und Schlaf. Dabei ist vollkommen gleichgültig, ob man
sich, wie Telemach, nur eine einzige Nacht, oder wie Odysseus
mit seinen Gefährten, neun Tage und neun Nächte auf dem Meer
befindet. Gegen diese Gewohnheit spricht nicht, wenn Telemach
und Peisistratos bei ihrer Abfahrt nach Sparta von Nestors Schaff-
nerin verproviantiert werden. Denn den ganzen Tag lenkt Peisistratos seine Rosse, die bis zum Abend 'das Joch an den Nacken
schütteln', und erst mit Sonnenuntergang zerfließt das Bild; man
nimmt Herberge beim Diokles, und erhält gastlichen Empfang
und damit jedenfalls Speise und Trank. Daſs die erwähnte Ver-
proviantierung nicht etwa einen gelegentlichen Imbiss während
der Fahrt bedeutet, sondern ein Stück Schablone ist, die durch
ein Stichwort hervorgerufen ist, wird begreiflich, wenn man sich
erinnert, daſs auch Odysseus bei seiner Abfahrt von den Phaiaken
in durchaus zweckloser Weise Wein und Brod mit auf die Reise
erhält. Denn weder hat er während seines Zauberschlafes Zeit
zum Essen und Trinken, noch denkt er nach seinem Erwachen

Aber auch den individuellen Zügen, die sich gelegentlich von jenen allgemeinen Bildern abheben, liegen keine Studien an Ort und Stelle zu Grunde.[22]) Dafs gegenwärtig auf der Insel ein Felsen den Namen Koraka trägt, also mit dem Felsen Korax, unter dem die Säue des Eumaios campieren, gleichnamig ist, beweist nichts. Schon vor Gell und Dodwell hatte man auf Ithaka die Kunst verstanden, homerische Namen wiederaufleben [23] zu lassen. Dodwell selber erwähnt das 'Castell der heiligen Penelope', ferner auf einem Hügel Ruinen, die den Namen 'Castell des Telemach' führen, und sein Führer zeigte ihm auf dem Gipfel des Aito ein Loch, in welches, wie er versicherte, Odysseus seine Flaggenstange zu stecken pflegte. Täuschungen, die der Eitelkeit der Bewohner eines Landes schmeicheln, sind von diesen von jeher mit Freuden begrüfst und gepflegt worden; der Felsen Koraka wird also seinen Namen nicht sowol aus homerischer Zeit beibehalten, als vielmehr in der Neuzeit von irgend einem gebildeten Ithakesier nach Anleitung der Verse Homers erhalten haben. Auch die Schilderung der Quelle Arethusa ist durchaus nicht so individuell, als es Gell und seinen Glaubensgenossen scheinen will. Den

---

an leibliche Genüsse. Der Dichter selber hat ein paar Verse weiter seinen Gemeinplatz längst vergessen, denn er setzt den Odysseus mit seinen Schätzen ans Land, ohne den noch unberührten Proviant auch nur zu erwähnen. Die β 431 beim Beginn der Seereise des Telemach aufgestellten Mischkrüge dienen nur der Libation, nicht dem Trinken. Die Verse 430 bis 434 scheinen späterer Zusatz.

[23]) Wer der Ansicht ist, dafs überhaupt die Schilderung des Individuellen einen Beweis für Autopsie abgebe, der muss vor allen Dingen zeigen, dafs Homer auch das erwiesen fabelhafte Scheria besucht habe, wohin er die individuellste seiner Schilderungen verlegt hat.

schöngebaueten Brunnen' (ρ 205), aus dem die Bürger der Stadt ihr Wasser schöpften,

> Ithakos hatt' ihn gebaut und Neritos und Polyktor;
> Ringsum war ein Hain von wasserliebenden Pappeln
> In die Runde gepflanzt, und hoch vom Felsen herunter
> Schäumte das kalte Wasser; ein Altar stand auf der Höhe,
> Wo die Wanderer alle den Nymphen pflegten zu opfern,

wird jeder natürlich finden, der sich erinnert, dafs auch auf der Ziegeninsel ι 141 Pappeln um eine Quelle stehen, und dafs sich überhaupt im Süden eine Wasserstelle, sie mag nun Quelle oder Tränk- oder Wäschplatz heifsen, nicht leicht ohne Baumgruppen findet, die ihr den nöthigen Schatten geben. Auch das hoch vom Felsen herunterstürzende Wasser ist nichts Individuelles, sondern findet seine Parallele *I* 14 *II* 3 in dem Gleichniss von der finsteren Quelle,

> Die von jähem Geklipp ihr dunkles Gewässer hinabgiefst.

Zudem ist leicht einzusehen, dafs der Name Ithakas und der des Berges Neriton nicht von Ithakos und Neritos stammen, und dafs mit Ithakos und Neritos nicht auf irgend welche entlegene Stammsage, die nur in Ithaka aufzuspüren gewesen wäre, zurückgegangen wird, sondern dafs der um ein paar Namen verlegene Dichter nach dem Namen der Insel und ihres Berges griff und so seine Namen formierte; und ferner, dass auch der Name Polyktor ihm nicht von der Sage überliefert, sondern von ihm selber aus dem Namenapparat der nächsten Nähe entlehnt worden ist; denn Polyktor heifst der Vater des Peisandros σ 298 χ 243, und in der Ilias Ω 397 erlügt sich Hermes einen Vater gleichen Namens. Die Nymphengrotte freilich ist individuell genug gezeichnet, und meinethalben mögen, was ja an und für sich nicht unwahrscheinlich ist, Stalaktiten das Hauptmotiv zu ihrer Schilderung abgegeben haben; in dessen ist sie nur scheinbar

— 15 —

real²³), denn schon die purpurnen Gewebe gehören dem Dichter, und der Wirklichkeit wird die Grotte entschieden dadurch entrückt, dafs Athene sie mit einem Steine schliefst, der mindestens Manneshöhe hat, denn sie ist mit Odysseus durch die Oeffnung derselben wie durch ein Thor ein- und ausgegangen. Auch der Cyklop schliefst seine Höhle, deren mythischen Charakter Niemand in Zweifel ziehen wird, mit einem Felsstück.

Dabei ist festzuhalten, dafs Homer bei dem improvisatorischen Charakter seiner Poesie nicht eben ängstlich rückwärts oder vorwärts schaut²⁴), dafs er nicht einen wohldurchdachten, detaillierten Plan der Insel und des Königshauses im Kopf trägt, sondern dafs seine lokalen Einzelnheiten lediglich aus der Situation heraus erfunden sind.²⁵) Während die allgemeinen Begriffe von Insel und

---

²³) π 232 bezieht sich Odysseus auf die Nymphenhöhle mit dem verallgemeinernden Ausdruck ἐν σπήεσσι. Dieselbe Formel χ 404 424.

²⁴) Auch Personen treten auf, ohne dafs man weifs, woher sie kommen und wohin sie gehen. Sie werden gebraucht, und sind eben da. Im neunten Buch der Ilias (190) ist plötzlich der Wagenlenker Achills, Automedon, neben Patroklos als Küchenassistent thätig. Da einige Verse vorher erzählt worden war, dafs vor dem Auftreten der Gesandtschaft Patroklos dem leierspielenden Achill allein gegenüber gesessen habe, so meint Fäsi, der an ein unvorbereitetes Erscheinen Automedons nicht glauben mag, derselbe werde schon vor dem Eintritt des Odysseus und seiner Genossen im Zimmer gewesen sein, und allein beziehe sich darauf, dafs nur Patroklos dem Achill gegenüber gesessen habe; Automedon werde als Wagenlenker gestanden haben. Das heifst, denk' ich, das Verhältniss Automedons zu Achill in das eines modernen Kutschers zu seiner Herrschaft verkehren.

²⁵) Bisweilen prädiciert der Dichter von seinen Helden unmotivierte Handlungen, die sich gleichfalls nur durch den Zwang der Situation erklären. So macht der kurz vorher noch sehr schüchterne Telemach plötzlich auf einen simpeln Befehl seines Vaters hin sein Meisterstück als Henker, und knüpft die lieder-

Haus für ihn feststehen, läfst er zu bestimmten Zwecken
individuelle Züge auftauchen und, wenn sie ihre Pflicht
gethan haben, wieder verschwinden. Seine Erde hat
'Blasen, wie das Wasser hat', und die Räume seines
Hauses sind veränderlich wie seine Phantasie selber.
Wenn er uns daran gewöhnt hat, uns den Männersaal
als einen mit zwei Thüren versehenen Raum vorzustellen,
deren eine ins Freie, die andere ins Frauengemach führt,
so hindert ihn dies nicht, einer Episode halber in demselben
Saale plötzlich die ὀρσοθύρη aufspringen zu lassen.
Während sonst die Lanze an die 'lange Säule' gelehnt
wird, erscheint Mentes zu Liebe die δουροδόκη. Weil
die ungetreuen Mägde gehängt werden sollen, steigt der
274 Tholos aus der Erde; weil Eumaios sich von einer Höhe
aus umschauen soll, erhebt sich der Hermeshügel; und
weil weder Mentes noch die Phaiaken in 'dem Hafen'
Ithakas landen dürfen, werden die Specialhäfen Rheithron
und Phorkys geschaffen. Selbst die Nymphengrotte ist
nicht um ihrer selbst willen da, vielmehr ist sie, wie aus
einer Parallele des zehnten Buches (404 424) hervorgeht [26]),
deshalb erfunden, um Odysseus Gelegenheit zu geben, die
von den Phaiaken erhaltenen Schätze in Sicherheit zu
bringen.

Hieraus ergiebt sich zugleich, dafs es nicht gerathen
ist, sich auf Grund solcher dissolving views eine Gesammtvorstellung
von Insel und Haus zu bilden, und dafs
vollends ein Versuch, das homerische Ithaka und das Haus
Homers durch Karten und Pläne zu fixieren, von vorn
herein als verunglückt und als eine Lüge anzusehen ist.
Es ist vermessen, wenn man sich einbildet, das Terrain
Ithakas in Linien zwingen oder auch nur die Lage eines

---

lichen Mägde mit einem savoir faire auf, als hätte er sein Leben
lang kein anderes Handwerk getrieben.!

[26]) [Vgl. auch N 32.]

einzigen Punktes auf der Insel bestimmen zu können.
Niemand weifs, wo nach der Ansicht des Dichters die
Stadt Ithaka oder ihr Hafen gelegen hat, Niemand, wo
der Markt, das Gemeindehaus, die Schmiede, Niemand,
wo die Gärten des Laertes oder die Hütte des Eumaios
anzusetzen sind. Auch ein Bild des Königshauses ver-
trägt keine Darstellung durch Linien; denn wenn man
auch die Aufeinanderfolge gewisser Räumlichkeiten in ihm
kennt, so weifs man damit noch nicht, wohin der Dichter
das Schlafzimmer des Odysseus oder das des Telemach
verlegt, oder in welchem Gröfsenverhältnifs jene Räumlichkeiten zu einander gestanden haben können. Ein Plan
des homerischen Hauses, wie ihn Vofs bis zur Hunde-
hütte herab entworfen hat, ist ein Unding.[27])

[27]) Zu wünschen wäre, dafs man endlich den Mafsen und
gewissen Zahlen bei Homer nur poetische Bedeutung beilegte.
Wenn Peisistratos, der nie in Sparta gewesen ist, instinctiv sein
Gespann nach Pherai und Sparta zulenkt und zum Beschluss mit
bestem Geschick vor dem Hause des Menelaos vorfährt; wenn
Telemachs Schiff, fast wie die beseelten Schiffe der Phaiaken,
ohne Steuermann, nur durch den von Athene gesandten Wind getrieben, seinem Ziel zueilt: so würde der Dichter aus der Rolle
fallen, wenn er diese und ähnliche Fahrten nicht nach idealem
Mafse messen, sondern in die Prosa der wirklichen Entfernung
einschnüren wollte. Daher vollendet Telemach seine Seereise
genau in einer Nacht, und seine Fahrt nach Pherai und Sparta
jeweilig in der Zeit von Sonnenaufgang bis Sonnenuntergang.
Ganz nutzlos sind Rechnungen, wie jene, dafs, weil das Schiff des
Telemach auf seiner Rückfahrt von Pylos in demselben Augenblick
im Hafen von Ithaka einläuft, in welchem Eumaios über das
Gebirg die Stadt erreicht, der Weg zur Stadt von dem Anker-
platze unterhalb der Hütte des Eumaios über den Berg und an
der Küste hin auch in Wirklichkeit von gleicher Länge gewesen
sein müsse. Wenn ein neuerer Erklärer Homers zu β 212 bemerkt, dafs Zwanzig die gewöhnliche Zahl der Ruderer auf
homerischen Fahrzeugen sei, die nicht zum Kriege, sondern für
die Reise bestimmt seien, so hat natürlich jene Zahl mit der

275 Sollen wir endlich noch nach dem Boden fragen, auf welchem Homer seine landschaftlichen Anschauungen gewonnen hat (denn ein Dichter so wenig wie ein bildender Künstler erfindet absolut Neues, sondern schafft mehr oder weniger bewusst nach Analogieen), so werden wir am natürlichsten an Ionien denken, in dem auch sonst die Anschauungen des Dichters wurzeln, aus dem er Haus

Wirklichkeit nichts zu schaffen; denn Homer erwähnt ebensoviel Gänse τ 536, ebensoviel Mafs Mehl und Wein β 355 ι 209, und zwanzig Mägde gehen täglich vom Königshause zur Quelle υ 158. Eine imaginäre Zahl ist auch Zwölf. Wir lesen von zwölf Amphoren β 353 ι 204, der gleichen Zahl Gefährten des Odysseus ι 195, von zwölf mahlenden Weibern υ 107, und ebensoviel Beilen und Stuten τ 574 φ 23. Aehnlich verhält es sich mit den Zahlen Zehn, Neun und Sechs. Wenn derselbe Gelehrte β 355, wo Telemach sich zu seiner Reise nach Pylos verproviantiert, den Ausdruck μέτρα alles Ernstes erklären kann durch 'ein bestimmtes Mafs für flüssige und trockne Dinge, uns unbekannt', so hat er trotz seines bescheidenen Geständnisses für Homers Verhältnisse immer noch viel zu viel gewufst. Auch π 344 mifst er den Platz 'vor der Thür' oder 'vor dem Hause des Odysseus' mit dem Zollstock und erklärt ἱδριόωντο, 'weil die dort befindlichen Sitze für sämmtliche Freier nicht ausgereicht hätten', durch 'hielten unter sich eine Sitzung'. Also eine Sitzung im Stehen. Aber ἱδριόωντο heifst wirklich 'sie setzten sich', und gesessen müssen sie haben, weil sie Vers 358 aufstehen. Auf demselben Platze setzen sich die Freier auch δ 659, und 674 stehen sie auf. Verstümmelt kehrt dieselbe Scene ρ 167 in einer Stelle wieder, die in elendester Weise aus δ 625—674 zusammengeschneidert ist. Dort stehen die Freier auf, ohne sich gesetzt zu haben. Von welcher Länge sich übrigens π 344 der Dichter jene Sitze gedacht hat, ist seine Sache: da er nur mit Worten, nicht mit Linien zeichnet, so hat er das Recht, ihre Dimensionen nach Belieben zu dehnen. Ebenso wenig hat man sich den Kopf darüber zu zerbrechen, in welcher Lage sich Amphinomos befand, als er sich 'vom Platze aus umdrehte' und das eben in den Hafen einsegelnde Schiff des Telemach erblickte. Sicher ist, dafs der Dichter sich höchst unbestimmt ausgedrückt hat; er hat die Situation nicht klar gefühlt.

und Hof, Sitte und Brauch entlehnt hat. Die Natur dieses Landes, die sich an Bedeutendheit der Linie und Ueppigkeit der Vegetation mit den bewährtesten klassischen Gegenden messen kann, vor allem das Meer Ioniens mit seinem Licht und seinen Inseln, musste seinen Geist mit Motiven des edelsten landschaftlichen Stiles erfüllen. Dafs er nach dem Mafs der Freiheit, mit welcher er menschliche Verhältnisse gestaltet, auch da verfährt, wo es sich um Oertlichkeiten handelt, ist nicht zu bezweifeln, und er befindet sich zu der realen Natur in demselben Verhältnifs, wie die Maler, welche die heroische Landschaft gepflegt haben. Haben wir uns einmal zu diesem Gedanken 276 bekannt, so werden wir gern den Versuch aufgeben, aus dem das Reale auflösenden Zauber der homerischen Landschaften bestimmte Gegenden herauszuerkennen; vielmehr werden wir, wie einst die Zuhörer Homers, uns damit begnügen, seine Andeutungen oder ausführlichen Schilderungen des Oertlichen auf uns wirken und unsere Phantasie durch sie entzünden zu lassen.

Zum Schluss einige Worte über die Selbsttäuschungen, durch welche Gell und Consorten nicht wenige Leser Homers noch bis heute beirrt haben. Zwei Beispiele werden genügen, die Gedankenlosigkeit jenes Treibens zu charakterisieren.

Ithaka besteht bekanntlich aus zwei Haupttheilen, die durch einen schmalen Isthmus verbunden sind. Auf diesem Isthmus liegt der schon oben erwähnte Hügel Aito. Seinen Gipfel bildet ein kleines Felsenplateau von der Gestalt eines langgezogenen spitzwinkeligen Dreiecks mit einer Basis von der Breite weniger Ellen. In den Felsen sind zwei Cisternen eingehauen; die eine ist jetzt mit Gestrüpp überwachsen, die andere fast bis zum Rand mit Steinen gefüllt. Um das Ganze läuft eine Polygonmauer. Gell hat, ohne zu wissen, dafs cyklopische Mauern

2*

zu dem entwickelten Baustil Homers in keiner Weise stimmen, in jenen Polygonresten die Umfangsmauer des homerischen Königspalastes wiedererkannt und den Plan desselben auf der winzigen Fläche reconstruiert. Dafs hierbei lauter Puppenstuben zu Tage kommen, hat ihn wenig gekümmert, und ebensowenig ist ihm beigefallen, dafs sich in dem Hause des Odysseus aufser Mutter und Sohn, aufser den hundert und acht Freiern mit ihren mindestens acht Dienern, ihrem Herold und ihrem Sänger auch die Schaffnerin mit ihren Mägden herumtreibt, und dafs innerhalb eben jener Steinblöcke auch die hundert und acht Einzeltische der Freier sammt Stühlen und Fufsbänken und der Hund Argos mit seinem Anhang und eine Menge anderer unabweisbarer Personen und Sachen untergebracht sein wollen. Dazu kommt, dafs Homer, bei welchem eine Fülle von Wasser[28]) strömt, den Gebrauch der Cisternen nicht kennt, dafs die Gräben nicht verschwunden sein könnten, die nach griechischer Sitte zur festeren Gründung der Fundamente des Gebäudes in den Felsen hätten eingehauen sein müssen, und dafs, wie gesagt, der Palast des Odysseus nicht auf einem Hügel gelegen haben kann, am allerwenigsten auf einem solchen, zu dessen Gipfel man in fast senkrechtem Stieg empordringt.|

277 Der Begleiter Gells, Dodwell, der die Unzulänglichkeit der Gellschen Hypothese einsah, aber den Hügel für Homer und Odysseus retten wollte, glaubt die 'dreihundert' Freier, die nach seiner Ansicht allnächtlich in dem Königshause schlafen, am besten dadurch zu betten, dafs er ein Haus von vielen Stockwerken annimmt. Aber er hätte

---

[28]) Schreiber (Ithaka) S. 129 läfst die zwanzig Mägde, die täglich zur Quelle gehen, mit dem dort gewonnenen Wasser die Cisternen füllen.

wissen können, dafs die Freier in der Stadt schlafen und
dafs man bei Homer nur im Erdgeschofs und im ersten
Stock wohnt. Thiersch versucht einen anderen, freilich
nicht minder absurden Ausweg, indem er den Palast über
die cyklopischen Mauern weg an den steil abfallenden
Böschungen des Hügels sich hinabziehen läfst.
Weit schlimmer, als mit dem Königspalast, verhält
es sich mit der Nymphengrotte.
Am Ufer der Bucht Dexia entdeckte Gell eine Vertiefung von mindestens sechzig Fufs Länge und über
dreifsig Fufs Breite. Aus seiner ziemlich confusen Schilderung entnehmen wir, dafs die Seitenwände senkrecht
und behauen waren. In der linken Wand befand sich
eine Nische, in welcher, nachdem sie gereinigt worden
war, eine Art Becken sichtbar wurde, wie sie 'gewöhnlich
in den Mauern alter englischer Kirchen gefunden werden';
eine andere Nische ähnlicher Construction befand sich in
der Nähe des Centrums derselben Seite, und darüber gewisse in den Felsen gehauene kleine Kanäle, welche 'das
Wasser in die Becken leiteten', und von denen einige mit
Stalaktiten überkleidet, andere von Bienen bewohnt waren.
Die Doppeleingänge für Götter und Menschen waren nicht
zu verkennen. Alte Leute hatten jene Vertiefung noch
überdacht gesehen. Gell ist der Ansicht, dafs man nicht
das Recht habe, in ihr die Ueberbleibsel einer christlichen
Kirche zu erkennen, oder, wie er sich ausdrückt, schwerlich sei die Höhle jemals zu christlichen Ceremonien verwendet worden, weil die Griechen bei ihrem Respect vor
den Resten einer Kirche das Dach nicht zerstört haben
würden.
Abgesehen von den senkrechten, behauenen Wänden,
die sehr wenig nach einem Naturproduct aussehen, ist
vor allen Dingen auffallend, dafs Gells Höhle, nachdem
sie so viele Jahrhunderte überdauert hatte, etwa dreifsig

Jahr vor seinem Erscheinen auf Ithaka plötzlich ihr Dach verliert, und dafs Dodwell, der sie so gut gesehen haben mufs, wie Gell selber, der Entdeckung seines Freundes nicht mit dem geringsten Worte gedenkt. Die Höhle ist seit Gell verschwunden [20]), denn als ein Rest derselben kann nicht füglich eine kaum ein paar Fufs tiefe, von Dexia durch die von den Engländern in den Felsen gesprengte Fahrstrafse getrennte Vertiefung gelten, die wie die Anfänge eines Steinbruchs aussieht. Aufserdem ist Dexia auf keinen Fall der Hafen des Phorkys gewesen. Dexia ist ein Nebenhafen des Molo; Homer aber kennt keinen Hafen im Hafen, und schwerlich wird man den nach seiner ausdrücklichen Versicherung fern von 'der Stadt' gelegenen Hafen des Phorkys in einem Theil 'des Hafens' wiedererkennen dürfen, an dem 'die Stadt' liegt, und der nur Port Molo gewesen sein könnte. Ferner wird Dexia von einer Steilküste begrenzt; Homer dagegen hat, wie seinen Haupthafen, so auch den des Phorkys mit einer Flachküste umgeben. Er erzählt, wie die Phaiaken ihr Schiff durch kräftigen Ruderschlag bis zur Hälfte des Kieles aufs Land treiben, und erwähnt ausdrücklich Ufersand *r* 114 119 284. Die Versicherung Gells, dafs sich neben Geröll in Dexia auch Sand befinde, beruht auf einem Irrthum. Nur Geröll ist da, Sand findet sich weder hier noch sonst auf Ithaka.

Ich habe oben erwähnt, dafs nach dem Verschwin-

---

[20]) Freilich behauptet Goodisson sie noch gesehen zu haben, und will sogar von einem ganzen Schwarm homerischer Bienen verfolgt worden sein; aber er ist ein höchst verdächtiger Zeuge, der von den Lokalitäten Ithakas im Grunde nichts beibringt, als was Gell bereits erwähnt hat. Erlogen ist jedenfalls die ihm eigenthümliche Nachricht von einer kleinen mit Korn und Flachs bebauten, von Bergen umgebenen Ebene, die an der Bucht Dexia liegen soll.

den des Gellschen Fundes eine zweite Nymphengrotte
entdeckt worden sei. Im Jahre 1832 nämlich wurde
Thiersch bei seiner Wanderung durch Ithaka von seinem
Führer auf eine Tropfsteinhöhle aufmerksam gemacht, die
über Dexia gelegen war. 'Die Grotte bestand aus zwei
Theilen, einem vorderen, der durch das in den schmalen
Eingang dringende Tageslicht erhellt wurde, und einem
hinteren, in den man linker Hand jäh hinabdrang, voll
dunkler Nacht.' Als man ihn mit zwanzig Kerzen er-
leuchtet hatte, enthüllte sich ein grofses, herrliches Ge-
wölbe mit prächtigen Stalaktiten, die theils Säulen dar-
stellten, theils wie kolossale Draperien in den schönsten
Faltungen zwischen diesen herabhingen. Der vordere
Theil der Höhle war trocken, weiter hinten waren die
Wände feucht. Die Mischbecher und Henkelkrüge, Weih-
geschenke der Verehrer der Nymphen, wie Thiersch meint,
waren ursprünglich wol im Vorderraum aufgestellt, aber
jetzt verschwunden; dagegen war die Nachkommenschaft
der Bienen, die einst hier schwärmten, noch immer im
Besitz der Grotte und der Umgegend. In den Stalak-
titensäulen erkannte Thiersch die Webstühle der Nymphen
und zwischen ihnen die von diesen gefertigten Gewande,
in rothem Glanze schimmernd. Auch der doppelte Eingang fand sich vor; der nördliche war noch offen, der
südliche zwar verschlossen, aber ohne Zweifel einst vor-
handen; denn er reichte als enger und steiler Aufgang
im Hintergrunde der Höhle bis nahe an die Oberfläche
des Berges. Steine und Erdreich zeigten, dafs er durch
hereingefallenes Geröll nur verstopft sei. Auch das war
für Thiersch klar, warum die Menschen ihn nie betraten.
Er war schroff, beschwerlich, eng; aber eben darum war
er den Göttern nicht unzugänglich, welche bei dem Dichter
durch solche Oeffnungen leicht herabschweben oder nach
oben verschwinden.

Ich habe meist Thierschs eigne Worte benutzt, um nichts an seiner Entdeckung zu kürzen. Aber auch dies Mal hat er leider den Dichter mehr im Herzen als im Kopfe getragen. Die von ihm so warm empfohlene Höhle wird, während die homerische Grotte unmittelbar am Hafen liegt und von einem Stieg zu ihr keine Rede ist, in etwa drei Viertelstunden, auf äufserst steilem Pfade erreicht, der so beschwerlich ist, dafs mir mein Führer versicherte, er sei selbst für einen Maulesel zu schlecht. Ferner tritt Athene mit Odysseus aufrecht in die Höhle ein. Als ich dagegen in die Höhle eingehen wollte, war ich genöthigt durch eine Erdspalte zu kriechen, die Niemand so leicht entdeckt, der nicht mit der Lokalität vertraut ist. Das Innere der Höhle, das sich vor Thierschs entzückten Blicken fast ins Unendliche erweiterte, zeigt zwei Kammern, deren erste eng und niedrig, die zweite von der Gröfse eines sehr mäfsigen Zimmers ist. Die Stalaktiten sind dürftiger Art, und ich konnte trotz der besten Beleuchtung (ich hatte, um Thiersch nicht Unrecht zu thun, genau dieselbe Anzahl Kerzen mitgenommen, wie er selber) nichts erhebliches entdecken, als eine einzige von der Wand gelöste Säule; dagegen fanden sich verschiedene Pilaster und eine Menge der üblichen Gewandbildungen. An dem Eingang für Menschen konnte ich nicht zweifeln, denn ich hatte ihn selber benutzt; aber vergeblich kletterte und tastete ich in dem Fond der Höhle umher, um den Eingang für die Götter zu entdecken, vor dem Thiersch nicht zweifelte gestanden zu haben, obgleich jener Eingang, wie sich das einem Sterblichen gegenüber schickte, für ihn verschlossen gewesen war. Auch eine in der Decke der gröfseren Kammer befindliche, von Thiersch nicht erwähnte Oeffnung von der Gröfse eines Quadratfufses, durch die man den Himmel sehen konnte, war schwerlich für die Götter zum Ein-

und Ausfahren bequem genug. Wenigstens blieb ein Stein, den mein Führer durchzuwerfen versuchte, zunächst darin 280 hängen und fiel erst nach einigen Secunden zu Boden. Im übrigen rieselte weder Wasser an den Wänden noch schwärmten Bienen.

Ich bin am Ende meiner Mittheilung und will hoffen, in dem Grade wahr gewesen zu sein, als meine Vorgänger unwahr gewesen sind. Gern gebe ich zu, dafs das Gefühl, sich auf klassischem Boden zu befinden, für überempfindsame Naturen ein verwirrendes sein mag; aber die ehrliche Wissenschaft hat die Verpflichtung, nach einiger Zeit des Schwankens die falsche Sentimentalität über Bord zu werfen, und ihr kritisches Gleichgewicht wiederzufinden. Als ich in Ithaka landete, war eben Mitternacht vorüber, und ich hatte zunächst keinen Grund, an den Herrlichkeiten zu zweifeln, die mir mein liebenswürdiger Führer auf unserem Ritt nach Vathy bei dem Schein einer Papierlaterne vordemonstrierte. Aber ein paar Stunden später wurde ich von dem anbrechenden Tage aufgeklärt; und als ich am Abend von meinen Streifzügen durch die Insel ausruhte, lag ein genussreicher, und doch im besten Sinne des Wortes nüchterner Tag hinter mir.

II

ÜBER DIE
HOMERISCHE EBENE VON TROIA.

[Abhandlungen der philosophisch-historischen Klasse der Königl. Akademie der Wissenschaften zu Berlin 1875 S. 101. Gelesen am 10. December 1875.]¹)

Ich habe in meinem Aufsatz über Ithaka im Hermes I 265 (s. oben S. 4) als mein Bekenntnifs ausgesprochen, dafs Homer die troische Küste nicht mit eigenen Augen gemessen habe. Der entgegengesetzte Glaube hat namentlich seit dem vorigen Jahrhundert reichen Ausdruck gefunden, und die Präsenz Homers im troischen Gebiet hat fast ohne Ausnahme als selbstverständlich gegolten. Da indessen nicht Jedermann voraussetzen kann, dafs Homer ein geborener Trojaner gewesen sei, oder dafs er sich aus irgend welchem Zufall ins Troische verlaufen habe, so wäre es dankenswerth gewesen, wenn man zur Orientirung Kleingläubiger in plausibler Weise hätte darlegen mögen, dafs für Homer eine Nöthigung bestanden habe, von der troischen Ebene an Ort und Stelle Notiz zu nehmen.

---

¹) [In zweiter von dem Verfasser selbst besorgter Auflage 1876 in Commission bei Dümmler erschienen. Die Zusätze dieser Auflage sind im Text durch eckige Klammern bezeichnet.]

Freilich Heyne[2]) findet diese Nöthigung in einer besonderen Klasse der Zuhörerschaft Homers, in einer Art von Wissenden, welche die troische Ebene bereits besucht hatten, als Homer mit seiner Ilias in die Oeffentlichkeit trat. Nach Heyne durfte der Dichter, wenn er seine Verse nicht um alle 'Wirkung' bringen wollte, jenen gereisten Leuten, die alle Details der Ebene an den Fingern herzählen konnten, nichts vorsingen, was sich nicht mit ihren Reminiscenzen aufs Aengstlichste gedeckt hätte. Aber die Wirkung der homerischen Poesie liegt glücklicherweise auf einem anderen Felde, und jene Touristen mit ihrer vorhomerischen Neugier und ihrer Controle Homers dürfen zu den Mährchen geworfen werden, an denen die Geschichte der troischen Topographie so reich ist. Die Ionier waren genügsame Leute, denen nichts daran lag, eine locale Sage, die ihnen irgend woher zugeführt worden war, an der Quelle zu studiren, oder gar locale Andeutungen, welche ihnen die Sage gegeben hatte, vermittelst einer Wanderung in berufener Gegend zu vervollständigen. Bäume und Landschaften, meinten sie, haben noch keinen klüger gemacht, aber Reden und Thaten der Menschen und Götter. Und so forderten sie im Grunde auch von ihrem Sänger keine andere topographische Weisheit, als jene localen Stichwörter, durch welche schon die Sage ihre Einbildungskraft in mäfsige Bewegung gesetzt hatte. Sie fanden es in der Ordnung, wenn Homer die troische Landschaft als eine ihm von seinen Helden, welche gehen und stehen wollten, aufgezwungene Basis ansah; mit welcher er sich auf Grund seiner sonstigen landschaftlichen Erfahrungen abfinden konnte, oder wenn ihn die äufsere Natur meist nur in

---

[2]) In der Vorrede zu Lechevaliers Beschreibung der Ebene von Troja S. XXVII.

ihren Kämpfen mit dem Menschen oder als Parallele gegenüber den Erscheinungen des Menschenlebens interessirte. Erst eine viel spätere, und besonders die neueste Zeit durfte voraussetzen, dafs Homer, bevor er sich anschickte, seine Ilias auszuarbeiten, die troische Ebene abgeschritten und von ihr aus nach dem Ida visirt habe, um die von künftigen Topographen nachzurechnenden Mafse einhalten zu können und den obersten Gott von der höchsten Spitze des Gebirges die heilige Veste nicht an einer Stelle erblicken zu lassen, die man in Wirklichkeit von dort nicht sehen könne.

Auch die nachbarliche Nähe von Troas und Ionien, die man noch in diesen Tagen betont hat, gab dem Dichter schwerlich zu einem Besuche der troischen Ebene Veranlassung. Zu einem Spaziergange war die Distance trotz aller 'unmittelbaren' Nachbarschaft der beiden Länder zu bedeutend, und eine eigentliche Orientirungsreise, auf die es doch am Ende hinausgekommen wäre, versprach nur geringe Ausbeute. Was durfte Homer bei einer Musterung jener Gegend zu finden hoffen? Etwa die Reste der alten Stadt, die niedergebrannt und dem Erdboden gleichgemacht war? oder die des Schiffslagers, von welchem er wufste, dafs Poseidon, nachdem die Griechen abgesegelt waren, mit seinem Dreizack alle ' und jede Spur der Menschenhände weggerührt und den alten Strand, wie er vor der griechischen Invasion gewesen war, wiederhergestellt hatte? oder sollte er, um eine zahme Studie zu den wilden Wundern seines Flufskampfes zu machen, an Ort und Stelle sitzen und harren, bis der Skamander über seine Ufer treten und die nächsten Wiesen unter Wasser setzen werde? War Homer bei der Schilderung der Stadt und des Lagers und des Flusses auf sein Genie angewiesen, so durfte er gern mit denselben Mitteln auch das übrige Detail der Ebene zu bestreiten wagen, zumal da es sich fast um weiter nichts als um ein paar Bagatellen, um einige Namen von Bäumen und Gräbern handelte. Um die Frage der Autopsie Homers endgültig zu entscheiden, wird es ausreichen, sich die beiden Flüsse der troischen Ebene, den Skamander und Simois, etwas näher anzusehen als bisher geschehen ist. Ich schicke voraus, dafs nirgends in der Ilias, weder direct noch indirect, ausgesprochen ist, dafs der Simois kleiner gewesen sei als der Skamander; wohl aber erscheint er an mehr als einer Stelle als diesem gewachsen und ebenbürtig. Wenn uns Homer erzählt, dafs zwischen dem Skamander und Simois eine Schlacht geliefert worden sei, so mifst man den letzteren, für dessen Gröfse uns der Dichter keinen unmittelbaren Mafsstab gegeben hat, nach dem Flusse, mit welchem er gepaart ist, nach dem Skamander, und Jedermann, dessen Einbildungskraft nicht durch die Erinnerung an eine moderne Karte der Homerischen Ebene verfälscht ist, denkt an gleichartige Flüsse, zwischen denen die Kampfebene wie in einen Rahmen eingespannt ist. Oder wenn derjenige Punkt der Ebene, an welchem Hera und Athene anfufsen, um sich am Kampfe zu betheiligen, dadurch als ein absonderlicher bezeichnet wird, dafs sich ebenda der Skamander und Simois vereinigen, um zusammen ins Meer zu fliefsen, so sollen beide Flüsse, einer wie der andere, jenen Punkt verherrlichen, und es ist undenkbar, dafs der Dichter den Skamander zu diesem Zwecke mit einem unbedeutenden Gewässer habe vergatten mögen. Oder wenn der Skamander, weil er berufen worden ist, am Götterkampfe Theil zu nehmen, für den Augenblick auf seine irdischen Functionen verzichtet, und der Simois, weil die Ebene nicht ohne Flufs bestehen soll, gewissermafsen als Stellvertreter des Skamander eintritt, so erscheint er für die Zeit der Vertretung als eigentlich troischer Flufs, und

¹⁰⁴ man wird ihn sich kaum anders vorstellen dürfen, als den sonst in dieser Eigenschaft in der Ebene sefshaften Skamander. Oder endlich, wenn der Skamander bei Gelegenheit seines Kampfes mit Achilleus die Hülfe seines lieben Bruders' Simois anruft, so kann er nicht füglich mit einem Hungerbache fraternisiren, sondern man spürt hindurch, dafs es sich um den Beistand eines leistungsfähigen Flusses handelt, eine Empfindung, die zur Klarheit wird, wenn man aus dem Munde des Skamander selber vernimmt, welch verheerende Wirkungen er von den reifsenden Wassern des Bruderflusses erwartet.

Auch die übrigen Dichter, die des Simois gedenken, kennen ihn, weil sie in diesem Falle insgesammt von Homer abhängen, lediglich als einen Flufs, der mit dem Skamander auf völlig gleicher Linie rangirt. Skamander und Simois bilden entweder ein Zwillingspaar, oder der letztere tritt geradezu an die Stelle des ersteren als eigentlicher, als einziger Flufs der Ebene. Hesiod nennt in einer Stelle der Theogonie (342), in welcher ihm Homer vorschwebt, den Simois unter den 'wirbelnden', also den namhafteren Gewässern dieser Erde, und wenn er bei der Aufzählung derselben dem Skamander und Simois, und nur ihnen das Prädicat 'göttlich' zuertheilt, so hat er für unsern Fall jedenfalls so viel beurkundet, dafs er beide Flüsse mit einem und demselben Mafse gemessen haben will.

Der Simois war hiernach kein schlechterer Flufs als der Skamander, und beherrschte die troische Ebene gleichmäfsig mit diesem. Und doch sucht man für einen so gestalten Simois in der Wirklichkeit vergebens ein Unterkommen. Nach unseren Karten herrscht auf den westlichen Abhängen des Idagebirges und in der troischen Ebene einzig und allein der Skamander, der eine in sich so abgeschlossene Flufsregion darstellt, dafs jedem Eindringling der Weg verwehrt ist. Raum ist nur für den einen Hauptflufs und seine dürftigen Neben- und Zuflüsse, nicht für ein zweites gröfseres Wasser. Dafs der Simois ein Nebenflufs des Skamander gewesen sei, ist eine willkürliche Meinung der neueren Geographen, die weder im Homer noch in irgend einem anderen Schriftsteller des Alterthums ihren Grund hat.

Aber wir haben gar kein Recht, den Simois in der wirklichen Ebene zu suchen. Denn die Sprecher der alten Sage, die älteren Dichter der Ilias, melden im Grunde nichts anderes, als was die Karte lehrt; wenigstens reden auch sie nicht von zwei Flüssen der troischen Ebene, sondern von einem einzigen, dem Skamander.

Nicht weniger als zehn Mal ist in der Ilias von 'dem Flusse' schlechthin die Rede. An 'dem Flusse' lagert Hektor Θ 490, als er nach einer gewonnenen Schlacht mit Troern und Dardanern einen Kriegsrath abhält; zwischen 'dem Flufs' und den Schiffen erschlägt Patroklos die flüchtigen Troer Π 397, und in demselben Buch 669 679 säubert Apollon in 'dem Flusse' den durch Blut und Staub entstellten Leichnam des Sarpedon. In dem Schiffskatalog 861 875 lesen wir, dafs Ennomos, der Vogeldeuter, und der reiche Nastes[3]) von Achilleus am 'Flusse' erlegt worden sind, und hier weisen die Namen Ennomos und Nastes, welche in der Schilderung des Flufskampfes, wie sie uns heutzutage vorliegt, vergeblich gesucht werden, auf eine andere, wohl ursprünglichere Fassung jener Scene hin. Durch die Furt 'des Flusses' endlich fährt Priamos ins Griechische Lager Ω 351 und zurück nach Troja 692, und nur von 'dem Flusse' war Ξ 433 und Φ 1 die Rede,

---

³) [Ueber die verschiedene Schreibung dieses Namens und die verschiedenen Auffassungen der ganzen Stelle vgl. Strabo XIV p. 661. schol. Il. B 872. Eustath. 367, 2. s. auch Philologus IX p. 176.]

bevor ein Nachbesserer den Ergänzungsvers Ξάνθου
δινήεντος ὃν ἀθάνατος τέκτο Ζεύς hinzuschrieb. Es
liegt für jeden Unbefangenen auf der Hand, dafs der
Dichter nur dann von 'dem Flusse' reden konnte, wenn
in das landschaftliche Material, welches ihm die Sage
überwiesen hatte, ein zweiter Flufs überhaupt nicht auf-
genommen war, und dafs, wenn gleich von vorn herein
Skamander und Simois als das Strompaar der troischen
Ebene bestanden hätten, er neben den beiden Sonder-
namen, wenn er nicht undeutlich reden wollte, die allge-
meine Bezeichnung 'des Flusses' vermeiden mufste. Von
'dem Flusse', in welchem Achilleus die Penthesilea ertränkt habe, das heifst, vom Skamander, redet auch Malalas
(S. 161), natürlich, weil er neben dem Skamander einen
zweiten Flufs der troischen Ebene nicht kennt; aber nur
ein schlechter Scribent wie Tryphiodor durfte sichs heraus-
nehmen, in nächster Nähe jener beiden Flufsnamen, die
er als ebenbürtige kennt, von 'dem Flufs' der troischen
Ebene zu reden (316), und es dem Behagen des Lesers
zu überlassen, ob er an den Skamander oder an den
Simois denken wolle.

Und wie wäre auch die Localsage, die auf troischem
Boden erwuchs und von ihm zehrte, dazu gekommen, den
realen Bestand desselben zu läugnen und da von zwei
Flüssen zu reden, wo sie nur von einem reden konnte?

Wir haben keine Veranlassung zu glauben, dafs die
Gröfsenverhältnisse der troischen Gewässer im Laufe der
Jahrhunderte eine erhebliche Veränderung erfahren hätten,
und dafs beispielsweise, was früher ein Flufs gewesen,
jetzt zu einem Bache degradirt sein könne. Wenn zu
Herodots Zeiten, wie dies nicht zu bezweifeln ist, jene
Landschaft dasselbe Gesicht, dieselben Flufsgänge zeigte
wie heute, so dürfen wir mit leidlicher Sicherheit voraussetzen, dafs auch aufwärts von Herodot, zur Zeit

Homers, oder vielmehr schon damals, als sich die troische Sage von der Scholle löste und durch die Lande ging, die Mafse jener Wasser ohngefähr dieselben gewesen sein werden, wie in unseren Tagen. Der Skamander war ohne Zweifel schon damals nicht weniger Herr der Ebene als heutzutage der Menderé, welcher nichts anderes ist, als der Skamander Homers, der der Historie und der alten Geographen; und unmöglich haben damals die drei oder vier Bäche, die neben dem Skamander ihre Spuren eingerissen haben, und zeitweilig versiegen, oder so wasserarm sind, dafs ein Hahn über sie wegschreiten kann, dem gröfseren Flusse das Terrain streitig gemacht. Das gesammte Alterthum hat ihre Unbedeutendheit am erkennbarsten dadurch bezeugt, dafs es, wenn man eine einzige, unten zu besprechende Stelle Strabos ausnimmt, in welcher einer jener Bäche erwähnt wird, zu keiner Zeit hat gestehen mögen, dafs sie überhaupt in der Welt sind; und auch die spätere Zeit gedenkt ihrer mit keiner Silbe. Erst die Topographen des achtzehnten Jahrhunderts haben sie entdeckt und beschrieben und ihnen grofse, homerische Namen beigelegt. Unter den Wassern der troischen Ebene ist der von dem gesammten Alterthum als 'Flufs' derselben präconisirte Skamander allein werth ein Flufs zu heifsen.

Und er reichte für das Bedürfnifs der Sage, die kein complicirtes hydrographisches Netz brauchte, in jedem Falle aus. Mit ihm konnte sie den Flufskampf bestreiten und wozu sonst ein Flufs gut zu sein pflegt. Es läfst sich also gar kein vernünftiger Grund denken, weshalb sie darauf verfallen sein sollte, neben dem Skamander einen zweiten gleichartigen Flufs in die Ebene hineinzulügen, oder weshalb sie sich durch einen von ¹ jenen Bächen 107 habe reizen lassen können, ihn zu einem namhaften Gewässer, zu einem Parallelflusse des Skamander, zum Simois aufzuschwellen.

Um es kurz zu sagen, der Simois ist in die troische
Ebene von einem Nachdichter eingeführt, der von den
wirklichen Gewässern derselben nichts wufste und die in
der Ilias sonst bestehende locale Anschauung, welche, wie
die Wirklichkeit, nur einen einzigen Flufs der Ebene
kennt, entweder nicht begriffen hatte oder ignorirte.[4])

[4]) Auch der Zwillingsname des Skamander, Xanthos, ist der
älteren troischen Sage fremd und gehört einem Nachdichter zu.
Dafs beide Namen gleichzeitig im Munde der Einheimischen cur-
sirten oder dafs gar Xanthos der ältere von beiden Namen sei,
ist freilich Glaube der älteren und neueren Gelehrten; indessen
spricht für das jüngere Alter des Xanthos erstlich die Fügsam-
keit, mit welcher er sich dem Hexameter einordnet, und zweitens
gerade die Notiz, aus welcher sein höheres Alter abgeleitet zu
werden pflegt, dafs er dem höfischen Jargon der Götter angehöre,
während derselbe Flufs bei den Menschen Skamander heifse,

ὃν Ξάνθον καλέουσι θεοί, ἄνδρες δὲ Σκάμανδρον,

was nichts anderes besagt, als dafs der Name Xanthos keinen realen
Boden hatte, während der landläufige Name des Flusses Skamander war. Hiermit stimmt überein, dafs Aristoteles h. a. III 12
(519 a 19) sagt: διὸ καὶ τὸν Ὅμηρόν φασιν ἀντὶ Σκαμάνδρου Ξάνθον
προσαγορεύειν αὐτόν (woraus hervorgeht, dafs zu seiner Zeit der
zweite Name des Skamander factisch ungebräuchlich war), dafs
weder die Geschichte noch die zuverlässige Geographie etwas von
ihm weifs, und dafs auch Strabo ihn ignorirt. Denn wenn dieser
auch XIII S. 590 an einer aufserhalb seiner Beschreibung der
troischen Ebene liegenden Stelle die Xanthischen Thraker und
τὸν ἐν Τροίᾳ Ξάνθον zusammenstellt, so hat er als Linguist, nicht
als Geograph geredet und, um zu einer Reihe Homonymien ein
weiteres Beispiel fügen zu können, den der Ilias entnommenen
zweiten Namen des Skamander herangezogen, damit aber keines-
wegs gesagt, dafs Xanthos in Wirklichkeit neben Skamander bestanden habe. Im Gegentheil, in seiner Schilderung der troischen
Ebene kennt er den Skamander, welchen er wiederholt nennt,
nur unter diesem Namen, ja er erinnert nicht einmal daran, dafs
derselbe Flufs bei Homer auch Xanthos heifse, was doch nahe
genug gelegen hätte. Auch andere Zeichen verrathen den Eindringling. So der oben angeführte Ergänzungsvers Ξάνθον δινή-

Auch die prosodischen Eigenthümlichkeiten der beiden Flufsnamen weisen auf die zwischen ihnen bestehenden Altersdifferenzen hin. Es versteht sich, dafs auch hier wieder der Simois der jüngere von beiden ist, und zwar diesmal aus dem Grunde, weil der Name mit Rücksicht auf den epischen Vers erfunden ist, weil er der metrisch flüssigere Name ist, der sich ohne Umstände dem Hexameter anbequemt, während der Skamander in keinem Verhältnifs zum Dactylus steht. Die epische Poesie ist an der Geburt des

εντος, ὃν ἀθάνατος τίκετο Ζεύς (Ξ 434 Φ 2 Ω 693), der das dem älteren Dichter zugehörige ποταμοῦ erläutert, und dessen zweite Hälfte auch *B* 741 wiederkehrt. Gerade diese zweite Hälfte steht mit der sonstigen homerischen Ausdrucksweise in Widerspruch. Mit einem Götternamen wird ἀθάνατος, aufser an jenen vier Stellen, sonst nirgends in der Ilias verbunden; in der Odyssee findet es sich zweimal neben Gottheiten niederen Ranges, dem Proteus (δ 385) und der Kirke (μ 302). Der Vers des zweiten Buches hat überdies noch ein weiteres Bedenken. Homer sagt

οἳ δ' Ἄργισσαν ἔχον καὶ Γυρτώνην ἐνέμοντο
Ὄρθην Ἠλώνην τε πόλιν τ' Ὀλοοσσόνα λευκήν,
τῶν αὖθ' ἡγεμόνευε μενεπτόλεμος Πολυποίτης,
υἱὸς Πειριθόοιο, τὸν ἀθάνατος τίκετο Ζεύς,
τόν ῥ' ὑπὸ Πειριθόῳ ἔκετο κλυτὸς Ἱπποδάμεια.

In unbequemer Weise verlegen die Worte υἱὸς Πειριθόοιο, τὸν ἀθάνατος τίκετο Ζεύς der Verbindung von τόν ῥ' ὑπὸ Πειριθόῳ τίκετο κλυτὸς Ἱπποδάμεια mit Πολυποίτης den Weg. Freilich hat Homer doppelte Bezeichnung der Abstammung auch sonst,

B 713 τῶν ἦρχ' Ἀδμήτοιο φίλος παῖς ἕνδεκα νηῶν
Εὔμηλος, τὸν ὑπ' Ἀδμήτῳ τέκε δῖα γυναικῶν,
Ἄλκηστις, Πελίαο θυγατρῶν εἶδος ἀρίστη.

B 728 ἀλλὰ Μέδων κόσμησεν, Ὀϊλῆος νόθος υἱός,
τόν ῥ' ἔτεκεν Ῥήνη ὑπ' Ὀϊλῆϊ πτολιπόρθῳ.

B 819 Δαρδανίων αὖτ' ἦρχεν ἐὺς παῖς Ἀγχίσαο,
Αἰνείας, τὸν ὑπ' Ἀγχίσῃ τέκε δῖ' Ἀφροδίτη.

3*

Skamander unschuldig; sie hätte ihn versgerechter gebildet. Eingeboren auf troischem Grunde, gehörte er zu dem Wortvorrath der Landschaft, lange Zeit bevor an den Hexameter gedacht wurde. Die Localsage hob ihn aus dem heimischen Boden aus und überantwortete ihn dem epischen Dichter, der ihn als ein treuer Wardein der Sage weder umgehen noch durch Umformung für den Vers schmeidigen und somit verdunkeln durfte. Er nahm ihn also, ungefüge wie er war, nicht ohne eine derbe prosodische Licenz in seinen Vers herüber. Wenigen zur

H 467   νῆες δ' ἐκ Λήμνοιο παρέστασαν οἶνον ἄγουσαι
πολλαί, τὰς προέηκεν Ἰησονίδης Εὔνηος,
τόν ῥ' ἔτεχ' Ὑψιπύλη ὑπ' Ἰήσονι, ποιμένι λαῶν,

aber, wie diese Stellen lehren, nur mit directer Beziehung des Relativs auf den Eigennamen. Dagegen ist schlecht und unbehülflich

τὸν ἀθάνατος τέκετο Ζεύς,
τόν ῥ' ὑπὸ Πειριθόῳ τέκετο κλυτὸς Ἱπποδάμεια,

und, so weit ich sehe, bei Homer ohne Beispiel, jedenfalls nicht zu entschuldigen durch Ξ 489

ὅ δ' οὔτασεν Ἰλιονῆα,
υἱὸν Φόρβαντος πολυμήλου, τόν ῥα μάλιστα
Ἑρμείας Τρώων ἐφίλει καὶ κτῆσιν ὄπασσεν·
τῷ δ' ἄρ' ὑπὸ μήτηρ μοῦνον τέκεν Ἰλιονῆα.

Nach meinem Dafürhalten unterliegt es keinem Zweifel, dafs der Vers des zweiten Buches υἱὸς Πειριθόοιο τὸν ἀθάνατος τέκετο Ζεύς von demselben Dichter herrührt, der jene drei gleichlautenden Ergänzungsverse einfügte.

Andere mögen ausmachen, ob, wie Eustathios sagt (S. 1179, 48), Homer der Göttersprache, wie anderes Wohlklingende, so auch den Xanthos, den Menschen hingegen den zungenbrecherischen Skamander zugewiesen habe (also mit anderen Worten, ob der Nachdichter den Xanthos deshalb in die Ilias eingeführt, weil er an dem Skamander ein prosodisches Aergernifs nahm), oder ob es ihn trieb, zu dem der homerischen Poesie geläufigen Motiv der Verschiedenheit der Götter- und Menschensprache ein ferneres Beispiel zu liefern.

— 37 —

Nachahmung; denn nur ein paar Mal noch hat man gewagt, den Skamander auf Grund der Freiheit, welche sich Homer genommen hatte, in den Hexameter überzuführen, einmal Hesiod in der oben angeführten Stelle der Theogonie, dann Quintus Smyrnäus, bei dem sich zweimal die Formel περὶ προχοῇσι Σκαμάνδρου findet [5]), [und der Verfasser des Verses ΜΟΙΣΑΜΟΙΑΦΙΣΚΑΜΑΝΔΡΟΝΕΥ ΡΩΝΑΡΧΟΜΑΙΑΕΙΝΔΕΝ auf einer Schale des Duris.] [6])

Dafs der Name Xanthos durch das gelbe Wasser des Skamander veranlafst sei, ist eine grundlose Vermuthung der Neueren. Denn wenn auch nach Anleitung von Reiseberichten für das Gelb des Skamander fast eine Scala aufgestellt werden könnte (Herr von Hahn freilich spricht in seinen 'Ausgrabungen auf der homerischen Pergamos' S. 26 nur von zwei Streifen hellgelben Sandes), so haben dagegen die Alten an der Farbe des Flusses nichts Apartes gefunden und kein Wort darüber verloren. Bei Aristoteles h. a. III 12 (519 a 12) heifst es: καὶ περὶ τὰς ὀχείας δ' ἐστὶν ὕδατα πολλαχοῦ τοιαῦτα, ἃ πιόντα καὶ ὀχεύσαντα μετὰ τὴν πόσιν τὰ πρόβατα μέλανας. γεννῶσι τοῖς ἄρνας, οἷον καὶ ἐν τῇ Χαλκιδικῇ τῇ ἐπὶ τῆς Θρᾴκης ἐν τῇ Ἀσσηρίτιδι ἐπόιει ὁ καλούμενος ποταμὸς Ψυχρός. καὶ ἐν τῇ Ἀντανδρίᾳ δὲ δύο ποταμοί εἰσιν, ὧν ὁ μὲν λευκὰ ὁ δὲ μέλανα ποιεῖ τὰ πρόβατα. δοκεῖ δὲ καὶ ὁ Σκάμανδρος ποταμὸς ξανθὰ τὰ πρόβατα ποιεῖν· διὸ καὶ τὸν Ὅμηρόν φασιν ἀντὶ Σκαμάνδρου Ξάνθον προσαγορεύειν αὐτόν. Es ist klar, dafs die erzählten Wundererscheinungen mit der Farbe des Wassers nicht zusammenhängen. Hätte das Wasser des Skamander auch den Alten als gelb gegolten, so würden sie nicht verfehlt haben, die Färbung der Schafe als ein Ergebnifs des schon in der Farbe des Wassers zu Tage tretenden Färbestoffes darzustellen. Aber das Mährchen von den gelbgefärbten Schafen und Lämmern wurde erst aus dem Namen Xanthos entwickelt. Vermuthlich sah sich der Nachdichter, als er damit umging, für den Skamander eine zweite Bezeichnung ausfindig zu machen, in der nächsten Nähe um und übertrug den Namen des lykischen Xanthos auf den troischen Flufs. Analogien solcher Namengebung liegen auch sonst vor.

[5]) I 10. IX 210.
[6]) [In der Vasensammlung des Berliner Museums No. 2364.

Die übrigen nachhomerischen Dichter, für die natürlich ein Pietätsverhältnifs zur alten Sage nicht mehr bestand, verwarfen, wo es sich um dactylische Rhythmen handelte, den Namen als mit diesen unverträglich, und zogen vor an seine Stelle entweder den prosodisch bequemeren zweiten Namen des Skamander, Xanthos, treten zu lassen, oder den Simois zum Hauptflufs der troischen Ebene zu erheben.[7]) Der kitzliche Nonnus, welcher den Namen Skamander perhorrescirte, aber nicht missen wollte, warf das Sigma ab und verwandelte den Skamander in einen Kamander.

Und was sagt die Geschichte, die Erbin der Sage, und die zuverlässige alte Geographie vom Simois?

Herodot berichtet VII 43, dafs, als Xerxes auf seinem Zuge nach Griechenland durch Troas gekommen sei, sein durstiges Gefolge, Mensch und Thier, den Skamander leer getrunken habe, und derselbe Schriftsteller erwähnt V 65 Σίγειον τὸ ἐπὶ Σκαμάνδρῳ. Vom Simois ist keine Rede.

Nicephorus Gregoras erzählt in seiner Byzantinischen Geschichte (XXV 26), wie er in dem Hafen von Tenedos vier Tage habe liegen bleiben und auf ein Schiff warten

---

S. Monumenti des archäologischen Instituts 1873, Taf. LIV. Archäologische Zeitung 1874, Taf. 1.]

[7]) Auch die lateinischen Dichter haben sich dieselben Grenzen gezogen und den Ausfall des Skamander durch dieselben Namen gedeckt. Die gleiche prosodische Licenz, wie bei Homer, finde ich, wenn mir nichts entgangen ist, nur einmal bei Catull 64, 357 *testis erit magnis virtutibus unda Scamandri*. Bei Properz IV 1, 27 wird nach G. Wolffs Conjectur *Idaeum Simoenta Ioris* CVM PROLE SCAMANDRO gelesen. Aber II 9, 12 hat derselbe Dichter für den Skamander den Simois verwendet. Auch Lucan IX 965 setzt den Simois für den Skamander aus prosodischen Rücksichten, was ich gegen Welcker (Kleine Schriften II, XVI) bemerke.

müssen, das ihn nach Byzanz überführen sollte, und wie ihm eingefallen sei, diese Zeit zu benutzen, um die troische Ebene kennen zu lernen. Ἐμοὶ δὲ τίτταρας ἡμέρας ἐκεῖ περιμείναντι θεάσασθαι προσεγίνετο Τροίας ἐκείνης σκιώδη μνήματα, ἧς πολὺς Ὁμήρῳ τῷ πάνυ λόγος, ὅτι μυρίανδροι στόλοι δι' Ἑλένην ἐκείνην ἐπ' αὐτὴν καταπλεύσαντες πολλούς τε ἀπώλεσαν τῶν οἰκείων ἥρωας καὶ αὐτὴν μετὰ δέκα ἔτη τελέως ἐξηνδραποδίσαντο. ἐθεασάμην δ' ὁμοῦ καὶ Σκαμάνδρου ποταμοῦ τὰς ἐκβολάς, ὃς Ἴδης ἀποβλύζει τοῦ ὄρους, οὐχ ὡς Ὅμηρος ἐν Ἰλιάδι καόμενον γράφει τὰς ὄχθας ὑπὸ Ἡφαίστου δι' Ἀχιλλέα τὸν Θέτιδος, καθ' ὅσον ἐκεῖνο αὐτοvομουμένῃ μυθεύεται γλώττῃ, ἀλλὰ κρίνα καὶ λόχμας καὶ χλόας περὶ αὐτὸν ὡραῖα πάντα καὶ τὴν Ὁμήρου γλῶτταν ἐλέγχειν ἱκανά. Der Mann hat, wie man sieht, die Gegend mit nüchternem Auge angeschaut und, wie sichs gebührte, nicht doppelt gesehen, sondern nur einen einzigen Flufs der Ebene, den Skamander, vermerkt. Auf denselben Besuch weist er III 2 zurück, καὶ χωρία τινὰ περὶ Τροίαν καὶ Σκάμανδρον εἰληφώς (Μυτζῆς) παρὰ βασιλέως εἰς ἐπέτειον πρόσοδον ἐκεῖσε τοῦ λοιποῦ διανέπαυεν ἑαυτὸν ἅμα γυναικί τε καὶ τέκνοις.

Natürlich können auch die Inschriften vom Simois nichts wissen. Vom Skamander redet C. I. Gr. 3600, und an ihn erinnert die in seiner Nähe gelegene Stadt Σκάμανδρος 8804 oder Σκάμανδροι 3597 a b, mit welcher die *civitas Scamandria* des Plinius (h. n. V 124) und der Bischofssitz Σκάμανδρος bei Hierokles 662, 10 identisch ist; dann das Ethnikon Σκαμανδρεύς C. I. Gr. 3597 a. Auch auf den Münzen liest man nur ΙΛΙΕΩΝ CKAMANΔPOC oder CKAMANΔPOC ΙΛΙΕΩΝ [8]), nichts vom Simois.

---

[8]) Münzen Römischer Kaiser mit diesen Inschriften bei Mionnet Description de médailles antiques Bd. 2, n. 209. 210. 215. 230/1. 235. Bd. 5, n. 415. 452. 477. 481/2.

Ferner mahnen die wiederholt begegnenden Mannesnamen Σκάμανδρος, Σκαμάνδριος, Σκαμανδρότιμος, Σκαμανδρόφιλος, Σκαμανδρώνυμος daran, dafs das Gedächtnifs des Skamander als eines wirklichen Flusses sich lebendig erhielt. Dagegen hat Σιμόεις als Mannesname nie existirt, und abgeleitet von ihm ist nur der Troer Σιμοείσιος, der in der Ilias entsteht und vergeht.

Auch die Geschichten- und Mährchenerzähler knüpfen nur an den Skamander an. Philostratus berichtet im Heroicus 13, dafs ein ilisches Mädchen am Skamander dem Schatten des Antilochus begegnet sei, und in dem zehnten Briefe des Pseudoäschines figurirt als troischer Landesflufsgott der Skamander. Die Erzählung des Pseudocallisthenes (I 42), dafs Alexander der Grofse sich an den Skamander begeben und an derselben Stelle, wo Achill in den Flufs gesprungen sei, gleichfalls den Sprung gewagt habe, schliefst schon an und für sich den Simois aus.

Auch die Mythologie erinnert sich gern des Skamander, des Simois fast nie. Nur zweimal finde ich ihn erwähnt, als Vater der Astyoche (Apollodor III 12, 2. Tzetzes zu Lycophr. 29) und der Hieromneme (Apollodor III 12, 2), ohne Zweifel, weil ein Fabrikant troischer Genealogien den Skamander als Vater bereits verbraucht hatte.

Nur den Simois kennt der Lügner Dares (2), und zwar als phrygischen Hafen, in welchem Iason die Argo vor Anker gehen liefs, *Iason ubi ad Phrygiam venit, navim admovit ad portum Simoenta*, und der Rhetor Glykon (Seneca Suas. I 11), in einer bewunderten Phrase, mit welcher er Alexander den Grofsen von weiterem Vordringen gegen das Weltmeer abmahnt, τοῦτ' οὐκ ἔστι Σιμόεις οὐδὲ Γράνικος· τοῦτο εἰ μή τι κακὸν ἦν, οὐκ ἂν νέατον ἔκειτο. Den Simois und Granikos in einem

Athem zu nennen war mehr als absurd. Es genügte τοῦτ' οὐκ ἔστι Γράνικος.⁹) Ferner weifs auch die Geographie, soweit sie zuverlässig ist, nur vom Skamander, nicht vom Simois zu erzählen. Bei Scylax 95 heifst es ἐντεῦθεν δὲ Τρωὰς ἄρχεται καὶ πόλεις Ἑλληνίδες εἰσὶν ἐν αὐτῇ αἵδε, Δάρδανος Ῥοίτειον Ἴλιον (ἀπέχει δὲ ἀπὸ τῆς θαλάττης στάδια κε'), καὶ ἐν αὐτῇ ποταμὸς Σκάμανδρος, und auch die Peutinger'sche Tafel hat nur den Skamander verzeichnet. In der heutigen troischen Ebene klingt lediglich der Name des Skamander wieder; denn in dem Menderé hat man trotz der Verstümmelung des Namens einen Rest des alten Skamander wiedergefunden, während man im Dumbrek-Tschai, Kamar-Tschai, dem Bunarbaschi-Wasser und den Asmaks bei aller Feinhörigkeit den Simois nicht herausempfinden konnte. Dagegen hat in den metrischen Compendien des Dionysios, des Avienus und Priscian, welche Reales und Mythisches durcheinander werfen,

---

⁹) Baron Tott, einer der Quellenschriftsteller des Freiherrn von Münchhausen, kennt in seinen Memoiren gleichfalls nur den Simois, der nach seiner Erfahrung in der Nähe des 'Asiatischen Dardanellenschlosses' fliefst. Mémoires sur les Turcs et les Tartares III 61: *une autre pointe plus rapprochée des Châteaux des Dardanelles en Europe, appellée la pointe des Moulins, pourant croiser sur les Barbiers et le Château d'Asie, indiquait encore la construction d'une batterie, et je me déterminai à en établir une quatrième sur le bord du Simoys pour servir d'épaulement à la Forteresse qui y touche*, und 84: *le Symoïs, ce fleuve si célèbre, mais qui n'est en effet qu'un petit ravin où les eaux des pluies forment un torrent, descend de la montagne et se jette à la mer au dessus du Chateau d'Asie.* Hierher gehört auch das liederliche Excerpt Alexanders ab Alexandro Dier. gen. VI S. 382: *quae autem flumina a tot millibus Persarum epota Xerxi non suffecerint, haec praecipue traduntur: Scamander et Onochonus in Thessalia, Simois in Phrygia, qui ex Ida sub Ilio decurrens quandoque torrentior ad Sigeum mare ingreditur.*

der Simois seine feste Stelle, und dafs Mela ihn neben dem Skamander aufführt, ist nicht zu verwundern, da er sich auch sonst von fabelhaften Nachrichten nicht frei hält. Auch dem Ampelius[19]) hat man den Xanthus und Simois zu gute zu halten.

Noch bleiben ein paar geographische Zeugen zu besprechen, die für den Simois als realen Flufs einzutreten scheinen und deren Angaben bisher wenigstens nicht angefochten worden sind.

Erstlich Ptolemäus, bei dem es V 2 heifst Ἀβύδος ϊε ϛ΄ μα δ΄ Σιμόεντος ποταμοῦ ἐκβολαὶ ϊε γ΄ μα ϛ΄ Δάρδανον ϊε δ΄ μα ιβ΄ Σκαμάνδρου ποταμοῦ ἐκβολαὶ ϊε δ΄ μα. Die Fiction liegt auf der Hand. Dafs mit dem Simois, welcher nach Ptolemäus rechts von Dardanos ins Meer fällt, der Flufs der troischen Ebene gemeint sei, ist durch die Nachbarschaft des Skamander und durch die gleich des weiteren zu behandelnde Ptolemäische Karte bezeugt. Aber eben dieser Simois hat mit demjenigen Flusse, der in Wirklichkeit an der im Text bezeichneten Stelle, oder, was dasselbe ist, zwischen Dardanos und Abydos mündet und auf unsern Karten mit dem Namen Rhodios belegt ist, schlechterdings nichts zu schaffen. Letzterer entspringt auf den westlichen Abhängen des Kotylos und ist durch eine Wasserscheide von der troischen Ebene getrennt, während die Karte des Ptolemäus den Simois auf dem Ida entspringen läfst. Der Widerspruch zwischen jenem Rhodios und dem Simois des Ptolemäus ist so vollkommen wie möglich, aber freilich nicht dadurch zu lösen, dafs man für Σιμόεντος mit Wilberg Σελλήεντος ändert, schon deshalb nicht, weil der vorgeschlagene Flufs, welchen

---

[19]) [VI 9 *Simois et Xanthus in Phrygia*. Dagegen kennt Ampelius VIII 11 nur den Skamander, und läfst ihn in der Nähe von Rhoiteion münden: *iuxta autem mare qui locus Rhoeteon vocatur, ibi est Achillis et Patrocli tumulus et flumen Scamandros.*]

nur Homer kennt (Strabo weifs von ihm nichts als was ihm die Ilias mittheilt), zu keiner Zeit existirt hat; und gleich geringe Wahrscheinlichkeit hat die Annahme eines Emblems, worauf man bei dem Irrgang der in den Handschriften bald vor bald hinter Ἀβυδος zu lesenden Worte Σιμόεντος ποταμοῦ ἐκβολαί gerathen könnte. Vielmehr mufs jener Widerspruch dem Ptolemäus oder, richtiger gesagt, dem alten Zeichner verbleiben, der die Normalkarte entwarf, von welcher die in unsern Handschriften des Ptolemäus befindlichen Karten Nachbildungen sind. Nach dieser Karte also entspringt der Simois auf dem Ida, durchfliefst rechts vom Skamander die troische Ebene und fällt rechts von Dardanos ins Meer; Ilion ist auf dem rechten Ufer des Simois angesetzt und Dardanos ist über den im Osten der Stadt Ophryneion mündenden Flufs und Rhoiteion weg bis in die Nähe von Sigeum hinabgerückt. Durch diese Willkührlichkeiten wurde die Mündung des Simois innerhalb der troischen Ebene ermöglicht und dem Skamander der Geselle gerettet. Man sieht, dafs der alte Zeichner, als er den Simois in die Ebene schickte, der allgemeinen Ansicht folgte, die sich nach und nach in Folge des Dichtergebrauches gebildet hatte, dafs er aus seiner Zeit Dardanos hinzunahm und, wie es nicht anders ging, dem Simois einen längeren Lauf gab als dem Skamander. Die auf der Tabelle des Ptolemäus zu dem Simois vermerkten Zahlen sind zugleich mit dem Namen des Flusses von der Ptolemäischen Karte abgelesen worden.

Mit der Lüge dieser Karte stimmt Nicephorus Gregoras, der in seiner Byzantinischen Geschichte XXIX 6 von Palamas Folgendes erzählt. Ἐπεί γε μὴν καὶ ὁλκάδος ἔτυχεν ἐκ τῶν τῆς Θεσσαλονίκης λιμένων μελλούσης ἀνάγεσθαι, φέρων καὶ αὐτὸς ἑαυτὸν ἐς αὐτὴν ἐμβεβλήκει. καὶ μέχρι μὲν τῶν Ἑλλησποντίων πορθμῶν ἐξ οὐρίας

ἧγεν αὐτοὺς πελάγιον κατὰ πρύμναν τὸ πνεῦμα φερό-
μενον· ἐνταῦθα δ' αὐτοῦ λήξαντος καὶ οἷον εἰπεῖν νεκρω-
θέντος ἐξαίφνης νηνεμία μακρὰ κατέσχε τὸ πέλαγος καὶ
ἀκίνητον εἶχε τὴν ὁλκάδα τελέως ἐκείνην, ἐπ' ἀγκύρας
μιᾶς ἡμέραιν δυοῖν σαλεύουσαν. τῇ δὲ τρίτῃ προσελά-
σαντες ἐκ δυοῖν ποταμοῖν, Σκαμάνδρου τε καὶ Σιμόεντος, οἳ πόλεως Ἀσιάτιδος Δαρδάνου καταρρέουσιν ἐφ'
ἑκάτερα, πειρατικοῖς τισὶ λέμβοις οἱ βάρβαροι ταύτην
αἱροῦσιν ἀναιμωτί, καὶ πρὸς αἰγιαλοὺς καθελκύσαντες
ἐκείνους, ἔνθα καὶ τῶν Ὀρκανοῦ τοῦ σατράπου υἱέων
τὸν πρεσβύτερον τηνικαῦτα συνηνέχθη παρεῖναι, τὸν τῆς
ὁλκάδος ἅπαντα φόρτον ἐκείνου βλέποντος ἐξετίθεσάν
τε καὶ ἐξεφόρουν. Wir wir oben geschen haben, fand
Nicephorus bei seinem persönlichen Besuch nur den Skamander, nicht den Simois; er mufs also, als er gegen
besseres Wissen die Worte ἐκ δυοῖν ποταμοῖν, Σκαμάνδρου τε καὶ Σιμόεντος, οἳ πόλεως Ἀσιάτιδος Δαρδάνου
καταρρέουσιν ἐφ' ἑκάτερα niederschrieb, ein Exemplar
des Ptolemäus mit den dazugehörigen Karten zur Hand
gehabt haben, die den noch heute erhaltenen auf ein
Haar glichen. Der von ihm beschriebene Vorfall scheint
ihm so zu Ohren gekommen zu sein, dafs die Barbaren
aus den Mündungen zweier namenloser Flüsse hervor-
brachen. Um seinen Bericht individueller zu färben, wird
er nach entsprechenden Namen gesucht und bei Ptolemäus angefragt haben, dessen Karte ihm den Skamander
und Simois und das zwischen beiden liegende Dardanos
aufzeigte. Die Uebersetzung bei Bekker *qui inde a
Dardano urbe Asiatica fluunt* ist falsch; πόλεως Ἀσιάτιδος Δαρδάνου hängt von ἐφ' ἑκάτερα ab.

Zu den interpolirten Karten, auf denen Xanthos und
Simois verzeichnet waren, gehörten auch diejenigen, welche
Aethicus und Julius Honorius vor sich gehabt haben.
Beide Schriftsteller sind bei dem Ablesen der Namen

gleich gedankenlos verfahren; sie haben die beiden Flüsse in die Tabelle der Völker des nördlichen Oceans eingereiht, Aethicus S. 47 *Xantibbos Symoes*, Julius Honorius S. 17 *Xanthimos Simoes*. Ohne Zweifel sind beide Namen aus einem Dichtergeographen in jene Karten eingetragen worden. Ferner Plinius. Er schreibt h. n. V 124 *Scamander amnis navigabilis et in promuntorio quondam Sigeum oppidum. dein portus Achaeorum, in quem influit Xanthus Simoenti iunctus stagnumque prius faciens Palaescamander.* Das ist der Hauptsache nach einfältiges Gerede. Denn wir erfahren aus Plinius' Worten erstlich, dafs sich der troische Xanthus, welcher bei Homer und sonst mit dem Skamander identisch ist, mit dem Simois vereinige und in den Hafen der Achäer ergiefse, und zweitens, dafs der Skamander ein vom Xanthus getrennter Flufs sei und eine Separatmündung habe. Die Mündung des Xanthus neben der des Skamander gemahnt an jenes Gemälde, auf welchem Christus zwischen Pontius und Pilatus hin und her wandelt, und wenn wir verständigerweise den vom Skamander geschiedenen Xanthus ins Fabelbuch schreiben, so mufs auch der mit ihm gekoppelte Simois denselben Weg geschickt werden. Die Notiz bei Plinius geht vermuthlich auf einen von jenen Gelehrten zurück, deren handwerksmäfsige Uebungen in der Lüge ich in meinem Aufsatz über Ptolemäus Chennus (Jahrbücher für classische Philologie Supplementband I S. 269 f.) näher geschildert habe, und zu deren Berufsarbeiten auch das Auffinden oder Erklären von Dionymien gehörte. Aus dem Doppelnamen des Skamander sind hier zwei verschiedene Flüsse gebildet. Eine gleich abenteuerliche Nachricht liest man bei dem sogenannten Plutarch von den Flüssen (1157 *E*), wo erzählt wird, dafs der ursprünglich Xanthos geheifsene troische Flufs umgetauft worden sei und den Namen Skamander erhalten habe, weil sich in ihm ein Wahnsinniger dieses Namens ertränkt habe [11]).

Stephanus von Byzanz Σιμόεις καὶ Σιμοῦς ὡς Ὀπόεις Ὀποῦς, παράγωγον Σιμούντιος καὶ θηλυκὸν Σιμουντίς. Die Formen Σιμοῦς Σιμούντιος Σιμουντίς sind aus Dichtern geschöpft und es erhellt sofort, dafs wir in dem angeführten Artikel keine geographische Mittheilung, sondern ein grammatisches Excerpt vor uns haben, kaum anders, als S. 19, 15 (s. v. Ἀγνοῖς), wo mit Ausschlufs von Σιμουντίς dieselben Worte in passendem Zusammenhange erscheinen. Bis wir eines besseren belehrt werden, setzen wir voraus, dafs Stephanus über den Simois als realen Flufs keinerlei Mittheilungen gemacht habe. Wie es scheint, vermifste irgend wer den Simois in der Reihe der geographischen Namen der Ethnika und füllte die vermeintliche Lücke in Ermangelung eines besseren mit jenem Excerpte aus. Man wird schwerlich glauben dürfen, dafs die ausgeschriebenen Worte den Rest eines geographischen Artikels bilden, der zugleich grammatische Erörterungen enthalten habe; der Epitomator würde nicht verfehlt haben, mit Σιμόεις ποταμὸς Τροίας zu beginnen, wie dies der Artikel Σκάμανδρος und unzählige andere Stellen der Ethnika lehren können.

Das scheinbar gewichtigste Zeugnifs für die reale Existenz des Simois ist das des Demetrius von Skepsis bei Strabo XIII S. 602.

Demetrius besuchte die troische Ebene persönlich und ist von den Alten der Einzige, der den Simois mit Augen gesehen haben will. Aus seiner Darstellung ergiebt sich, dafs er, wie Eckenbrecher nachweist, mit seinem

---

[11]) Aehnlich Trogus beim Scholiasten zu Virgils Aeneis III 108.

Simois den heutigen Dumbrek gemeint hat, einen von
jenen namenlosen Bächen, die ich oben geschildert habe.
Natürlich steht es um das Zeugnifs des Demetrius
nicht besser als um die andern. Gegen die Identität des
Dumbrek und des homerischen Simois spricht schon des
ersteren Dürftigkeit[12], die zu dem ansehnlichen homerischen
Flusse nicht passen will. Die ganze Mittheilung enthält
weiter nichts als einen Versuch, den Namen des Simois
in der troischen Ebene wohl oder übel unterzubringen.
Dafs Demetrius selber die Taufe vollzogen haben
könne, ist ihm, da er auch sonst in wissenschaftlicher
Lüge Erhebliches leistet, wohl zuzu trauen; indessen läfst
sich auch noch eine andere Möglichkeit denken. Bekanntlich gefielen sich die Bewohner von Neu-Ilion in der
Behauptung, das homerische Troja sei weder völlig zerstört noch von Grund aus entvölkert worden, vielmehr
sei ihr eigener Herd zwischen den Trümmern der alten
Stadt erwachsen, und sie selber seien die unverfälschten
Abkömmlinge der alten Troer. Es lag in der Natur der
Sache, dafs sie nicht nur für die Tempelrequisiten sorgten,
welche ihnen bei gläubigen oder geduldigen Passanten
zur Unterstützung ihrer Ansprüche auf jenen Titel be-
hülflich sein konnten, wie für das ächte Holzbild der
ilischen Athene, sondern dafs sie auch die homerischen
Marken der troischen Ebene unverloren sein liefsen, und
zum Beispiel den erratischen „Feigenbaum", da das Ori-
ginal abhanden gekommen war, in der Gestalt eines mit
Feigenbäumen bestandenen, steinigen Hügels wiederent-
deckten. So mufste als eine Hauptmarke der Ebene auch
der Simois zur Stelle geschafft werden, und die neu-ilischen

[12] Der Scholiast zu *M* 22 bemerkt ἔστι δὲ μικρὸς ὁ Σιμοῦς.
Möglich dafs diese Worte auf einen Topographen der troischen
Ebene zurückweisen, welcher gleichfalls den Dumbrek oder auch
einen andern der Nachbarbäche für den Simois ausgab.

Fremdenführer und Localantiquare werden hierbei ihre gefälligen Dienste nicht versagt haben. Da man nicht füglich über die Ebene hinausgreifen durfte, so kam es darauf an, einen Täufling in der nächsten Nähe zu finden, und da angesichts dieser Nothwendigkeit die Qualificirung des hierzu auszuersehenden Wassers von wenig Belang erschien, so mufste, weil man nichts besseres hatte, ein Bach der Ebene herhalten. Mafsgebend für die Wahl unter diesen Bächen war Ilias E 774, und man suchte sich einen Simois, den man, so gut es gehen wollte, vereint mit dem Skamander ins Meer laufen lassen könnte. Als einigermafsen geeignet erschien der heutige Dumbrek, welcher von Osten her am Vorgebirge Rhoiteion vorbeifliefst und in der Nähe des Skamander mündet, vorausgesetzt nämlich, dafs wir ihn nicht durch seine gegenwärtige Mündung bei Intepé ins Meer gehen lassen, sondern als seinen früheren Ausflufs den Kalifatli-Asmak annehmen, der in der Nähe des Menderé mündet. Dafs auch in früherer Zeit, etwa zu der des Strabo, von einer wirklichen Vereinigung beider Wasser, wie sie jene Stelle der Ilias fordert, nicht die Rede war, lehrt Strabo selber S. 598, wo es heifst, dafs der Skamander nahe bei Sigeum münde, was wörtlich und nur vom Skamander, nicht von dem vereinigten Skamander und Simois zu verstehen ist. Der Dumbrek-Kalifatli ergiefst sich also nicht eigentlich in den Skamander, aber er kommt ihm doch kurz vor seinem Ausflusse ins Meer ziemlich nahe und mündet schliefslich in so geringer Entfernung von ihm, dafs Demetrius oder die Neu-Ilier Homer zu Liebe die Mündungen beider Gewässer als eine und dieselbe bezeichnen konnten. Uebrigens scheint die Taufe nicht eben populär geworden zu sein; man würde wohl sonst vom Dumbrek-Simois noch weitere Kunde erhalten haben.

Vielleicht ist es mir gelungen, den Glauben an die

Wirklichkeit des Simois einigermafsen zu erschüttern; weitere Gründe gegen dieselbe werden sich im Verlauf dieser Erörterung ergeben. Ich gehe jetzt zu der Darstellung der homerischen Ebene und des homerischen Skamander über.

Man hätte längst wissen können, dafs Homer mit einer realen Ebene, die seine Phantasie in gewisser Weise gefangen nehmen mufste, gar nichts anfangen konnte, und dafs er sich seine Ebene nach seinem Bedürfnifs gestaltet hat, da er nicht die Kriegsart seiner Zeit, für die sich allenfalls die heutige troische Ebene geschickt haben würde, sondern ein ideales Kampfspiel geschildert hat, das eine gleich ideale Bühne forderte. Es genügt, einen Blick auf die Karte zu werfen, um zu begreifen, dafs die wirkliche troische Ebene von einer Anzahl Wasserläufen durchzogen ist, zwischen denen sich die Helden der Ilias schwerlich nach ihrer Manier herumtummeln konnten. Der Streitwagen war auf coupirtem Terrain nicht zu brauchen, und ihre Zweikämpfe und selbst die Massenkämpfe der Griechen und Troer heischten eher eine Arena als eine durch allerlei Detail gestörte Landschaft. Trotz Nestor, der eine Menge militärischer Weisheit auskramt, wird in der ganzen Ilias nicht der geringste Anlauf zu einem taktischen Kunststück genommen, und selbst Hinterhalte werden vor Troja nur gefürchtet, aber nicht in Scene gesetzt. Nichts ist weniger am Platze, als wenn Homer (*Π* 394) von seinen Erklärern darüber belehrt wird, dafs Patroklos den Troern den Rückzug nach der Stadt dann am leichtesten hätte abschneiden können, wenn er mit seinen Truppen die Furt des Skamander hätte besetzen wollen.

Dafs bei solcher Basis auch der Flufs der troischen Ebene nicht das Abbild eines realen Wassers sein konnte, erscheint natürlich.

119 Um den Lauf des Skamander durch die troische
Ebene, wie er Homer vorgeschwebt haben mag, bis zu
einem gewissen Grade bestimmen zu können, müssen wir
uns entschliefsen, die bisherigen graphischen Darstellungen
der Ebene und die Berichte Strabos und der modernen
Reisenden auf einige Augenblicke gründlich zu vergessen,
den Worten Homers die Ehre zu gönnen und unsere Belehrung lediglich aus ihm zu schöpfen.

Die Mehrzahl der Stellen, in welchen der Skamander
erwähnt wird, weist darauf hin, dafs der Dichter den
Lauf desselben zwischen Stadt und Schiffslager ansetzt,
und dafs er ihn die Ebene etwa quer durchschneiden
läfst. Ebene und Schlachtfeld sind für Homer gleiche
Begriffe, und da des Dichters Auge nie den ganzen Flufslauf überschaut, sondern nur denjenigen Theil desselben,
an welchem augenblicklich die von ihm geschilderte Handlung vorgeht, so ist der Flufs des Schlachtfeldes ohne
Anfang und Ende, und sein Bild zerfliefst, wie das der
Ebene selber, nach rechts und links. Da sich ferner
Homer hütet, seinem Flusse irgend welche Physiognomie
zu leihen, so wird er mehr empfunden als gesehen, er
wird etwa als Linie empfunden, und zwar als eine gerade,
denn Homer kennt in seiner Ebene keine localen Hindernisse, und von Ufergrenzen, welche auf den Lauf des
Skamander bestimmend, fördernd oder hemmend, einwirken könnten, weifs er nichts mitzutheilen.

Hiernach ergeben sich für die homerische Ebene
zunächst folgende einfache Verhältnisse, die ich der Uebersichtlichkeit wegen in Linien ausdrücken will, obschon
ich mich ausdrücklich dagegen verwahre, als habe der
Dichter mit bestimmtem Bewufstsein in Linien gedacht,
und ebenso versteht es sich, dafs er berechtigt war, seine
Ebene und ihre Theile willkührlich und nach dem Bedürfnifs der sich auf ihr entwickelnden Handlung auszu-

dehnen oder zusammenzuziehen, oder ihre Oberfläche nach
Umständen zu wandeln und umzubilden. Als Grundlinie gilt der Hellespont und das Schiffslager. Von dem Centrum des letzteren aus trifft eine mitten durch die Ebene gezogene Senkrechte gerade auf das skäische Thor. Diese Linie wird ohngefähr in der Mitte von einer andern, welche den Skamander darstellt, etwa rechtwinklig geschnitten. Wo der Schnitt stattfindet, liegt die Furt des Skamander, der Mittelpunkt der ganzen Ebene; in nächster Nähe der Furt, auf troischer Seite [13]) das von dem Skamander unzertrennliche Grabmal des Ilos, und rechts und links von der Furt, auf der dem Griechenlager zugewandten Seite des Flusses, dehnt sich der Uferstreifen, welchen Homer $\vartheta\varrho\omega\sigma\mu\grave{o}\varsigma$ $\pi\epsilon\delta\acute{\iota}o\iota o$ nennt.[14])

Dafs dies die in der Ilias herrschende Grundanschauung

---

[13]) Dies ergiebt sich aus Ω 349 und daraus, dafs der Dichter auf die griechische Seite der Ebene überhaupt keine Landmarken, das heifst Hügel oder Gräber oder Bäume, verlegt. Von den ephemeren Grabhügeln, welche von Griechen und Troern aufgeschüttet werden, ist hier natürlich nicht die Rede. Diese sind bald nach ihrem Entstehen verschwunden und vergessen.

[14]) Der Throsmos kommt bei Homer drei Mal vor, K 160, $\varLambda$ 56 und Y 3. Er wird bei keiner andern Gelegenheit erwähnt, als wenn sich die Troer zur Schlacht aufstellen oder sich lagern, um am nächsten Morgen von derselben Stelle aus den Kampf fortzusetzen. Von einem Höhenzug, den man aus dem Worte herauslesen wollte, kann schon deshalb nicht die Rede sein, weil Homer durch nichts andeutet, dafs die auf dem Throsmos aufgestellten Troer zum Kampf abwärts gelaufen seien, und weil die homerische Kampfebene überhaupt keine Höhen und Tiefen kennt. Was Apollonius Rhodius, bei welchem allein das Wort sonst vorkommt (II 823. III 198) und welcher damit ohne Zweifel eine Anleihe bei Homer gemacht hat, aus $\vartheta\varrho\omega\sigma\mu\acute{o}\varsigma$ herausinterpretirt zu haben scheint, fördert das Verständnifs des homerischen Wortes nicht.

ist, in der sich ältere und jüngere Dichter derselben begegnen, werden einige Beispiele erläutern, die ich aufs Gerathewohl herausgreife.

Im letzten Buch der Ilias lesen wir, wie Priamos bei nächtlicher Weile mit Geschenken zu Achilleus fährt, um den Leichnam Hektors loszukaufen. Nachdem er an dem Grabmal des Ilos vorbeigekommen, macht er mitten in der Furt des Skamander Halt, um seine Pferde zu tränken, und Hermes erscheint, welcher auf Befehl des Zeus den König unversehrt in das griechische Lager und wieder zurückbringen soll. Die Ebene wird hier augenscheinlich in zwei Hälften, eine troische und eine griechische, getheilt, von denen jene als für Priamos sicher, die andere als gefahrvoll bezeichnet wird; denn Hermes stellt sich ein, sobald bei der Fahrt ins Griechenlager der Flufs passirt wird, und zieht sich zurück, nachdem Priamos mit der Morgenröthe auf seiner Rückfahrt den Flufs und somit troisches Gebiet erreicht hat. Man wird sich in dieser Scene den Flufs als eine Linie denken dürfen, die mit dem Griechenlager parallel läuft.

Ferner, im achten Buch sind die Troer durch den Eintritt der Nacht an weiterem Vordringen gegen die Schiffe gehindert. Der Kampf ist zu Ende, Hektor macht mit seinen Truppen eine rückläufige Bewegung, um fern von den Schiffen (Θ 490) einen Kriegsrath abzuhalten. Da er Sieger geblieben ist, so läfst er sich auf der griechischen Seite des Skamander, auf dem Throsmos (K 160), oder, wie es K 415 heifst, in der Nähe des Grabmals des Ilos nieder, und befiehlt seinen Truppen sich zu lagern. Es kann nicht zweifelhaft sein, dafs diese sich dem Schiffslager gegenüber befinden, die Furt im Rücken, die schweigend vorausgesetzt wird, weil nur diese Stellung ihnen die nöthige Sicherheit giebt, und sie während der Nacht Schlachtvieh, Brod und Wein aus Troja kommen lassen,

um ihr Nachtmahl zu halten. Da sie sich an den Flufs
gelehnt haben, so wird er wohl als dieselbe Linie gedacht,
wie die gelagerten Truppen. Am nächsten Morgen ordnet
Hektor sein Heer auf derselben Stelle, auf welcher er
übernachtet hatte, auf dem Throsmos, zur Schlacht. Die
Griechen stehen ihm gegenüber an ihrem Graben. Auch
hier sind Parallellinien nicht zu verkennen.
Dieselbe Grenze zwischen griechischem und troischem
Gebiet markirt der Flufs auch $Λ$ 56. Aus ihrer Stellung
diesseits des Flusses und nahe dem Grabmal des Ilos
rücken die Troer den Griechen. entgegen. Die Schlacht
bleibt unentschieden bis Mittag. Da durchbrechen die
Griechen die Reihen der Troer. Agamemnon verfolgt den
Feind, der am Grabmal des Ilos vorbeiflüchtet, und hiermit ist das Uebergewicht der Griechen über die Troer
entschieden; in das troische Gebiet ist eingebrochen und
die Flucht geht unaufhaltsam fort bis zum skäischen
Thor. Auf Hektors Zuruf stehen die Troer. Agamemnon
wird durch einen Pfeilschufs kampfunfähig gemacht,
Hektor tritt in den Kampf ein, die Griechen werden
zurückgeworfen und $Λ$ 336 macht Zeus die Schlacht
wieder gleich, ein auffallender Vortheil ist auf keiner Seite.
Die Troer haben ihr Gebiet, dessen Grenze der Skamander ist, wiedergewonnen, denn Hektor kämpft wieder
am Flusse ($Λ$ 499), und Paris schiefst von dem Grabmal
des Ilos, das am Skamander gelegen ist, auf Diomedes
einen Pfeil ab.
 An einigen anderen Stellen bezeichnet der Flufs die
Grenze, bis zu welcher sich der Kriegslärm noch nicht
verloren hat, und an seine Ufer werden diejenigen rele-
girt, welche dem Kampfe entrückt werden sollen, wie [122]
Ares E 35 355, oder Aphrodite E 355, oder Achilleus,
welchen Apollon in der Gestalt des Agenor aus der
Schlacht lockt ($Φ$ 603), oder es werden an ihm, wie auf

einer Freistatt, Todte niedergelegt, wie Sarpedon, der von Apollon, wie es *Π* 679 heifst, 'weit weg' getragen wird, oder Verwundete, wie Hektor *Ξ* 434.

In allen diesen Stellen ist von der elementaren Natur des Flusses so gut wie nichts übrig geblieben; er erscheint so wesenlos, dafs er zur Bezeichnung allgemeiner Grenzlinien oder Distanzen eben gut genug ist.

Dafs unter solchen Umständen die Furt des Skamander eigentlich nur ein Name bleibt und wiederholt erwähnt, aber eingestandenermafsen nur ein einziges Mal, bei der Fahrt des Priamos ins griechische Lager, passirt wird, kann nicht auffallen. Ja, Homer würde sie auch bei dieser Gelegenheit ignorirt haben, wenn er nicht für nöthig befunden hätte, den Wagen des Königs mitten im Flusse halten zu lassen, damit Hermes erscheinen könne. Nach der Meinung Homers mufs der Skamander, als ein tiefströmender Flufs, welcher Griechen und Troer scheidet, seine Furt haben, damit er passirt werden könne, und nur mit ihrer Hülfe wird er passirt; aber die eine Furt ist auch ausreichend, wie er sich an der Ebene, der Stadt, dem Thor, dem Thurm genügen läfst. Wunderlicher Weise will er, obschon er die Benutzung der Furt jeder Zeit voraussetzt, nicht Wort haben, dafs ein einzelner Mensch, geschweige ein ganzer Truppentheil seine Füfse je in ihr genetzt habe. Selbst vor dem Beginn des Flufskampfes, wo es ganz besonders angezeigt war, wenn auch nur mit einem Worte anzudeuten, dafs ein Theil der flüchtigen Troer vermittelst der Furt das jenseitige Ufer gewonnen habe, genügt es ihm, zu erzählen, dafs die Troer an der Furt angekommen seien (*Φ* 1), und ein paar Verse weiterhin zu erklären, dafs jene Hälfte bereits auf dem jenseitigen Ufer stadtwärts flüchte.

Ein paar Mal, in der Schilderung des Flufskampfes und der Skamanderquelle, geht Homer auf die elementare

Natur des Flusses ein, und zeigt, was man freilich schon aus seinen Gleichnissen wufste, wie er landschaftliche Bilder von ergreifender Naturwahrheit zu schaffen versteht. Von individueller Zeichnung des Flusses, die auf Autopsie gedeutet werden müfste, ist natürlich trotz der Gegenversicherung der Reisenden nichts zu spüren. Wie die Schilderung der Doppelquelle des Skamander über das Mafs dichterischer Fiction hinausgehen soll, ist nicht einzusehen. Die Epitheta des Skamander [15]) sind im Gefolge auch anderer Flüsse, und ebensowenig beweisen für Localstudien die an dem Ufer des homerischen Flusses wachsenden Tamarisken, Ulmen, Weiden, der Lotos, das Riedgras und der duftende Galgant, die heute noch von eifrigen Reisenden aufgesucht und gefunden werden. Auch wage ich zu leugnen, dafs, wenn uns der Dichter erzählt, wie Fische und Aale das Nierenfett des am Skamander sterbenden Asteropäos anfrafsen, damit eine wissenschaftliche Mittheilung über die Fischfauna des Flusses beabsichtigt sei.

Ein anderes Mal scheint Homer geradezu zu vergessen, dafs die Sage es ist, die ihm den Flufs zur Pflege anempfohlen hat, und läfst ihn aus der Ebene verschwinden.

Im dritten Buch rücken auf der Fläche zwischen den Schiffen und der Stadt beide Heere einander entgegen. Da sie aller Wahrscheinlichkeit nach ohngefähr in gleicher Bewegung vorgehen, so dürfen wir voraussetzen, dafs sie etwa in der Mitte der Ebene aufeinanderstofsen. An dieser Stelle ist dies Mal für den Skamander kein Platz gelassen, denn gerade der Raum zwischen beiden Heeren, welchen der Flufs beanspruchen könnte, ist für das Opfer

---

[15]) Ueber ἠόεις, das noch Niemand erklärt hat, enthalte ich mich des Urtheils.

des Priamos und den Zweikampf des Menelaos und Paris reservirt. Der Dichter behandelt die Ebene für diesen Fall als eine ununterbrochene und hat den Fluſs eliminirt. Nicht weniger frei schaltet er mit der Ebene Λ 165, wo Agamemnon den Raum von den Schiffen bis zum sküischen Thore in einem Rennen durchfliegt, und ursprünglich hat die Bezeichnung des Flusses auch Π 394 gefehlt,

Πάτροκλος δ' ἐπεὶ οὖν πρώτας ἐπέκερσε φάλαγγας,
ἂψ ἐπὶ νῆας ἔεργε παλιμπετές, οὐδὲ πόληος
εἴα ἱεμένους ἐπιβαινέμεν, ἀλλὰ μεσηγὺς
νηῶν καὶ ποταμοῦ καὶ τείχεος ὑψηλοῖο
κτεῖνε μεταΐσσων, πολέων δ' ἀπετίνυτο ποινήν.

Der ganz unverständige Vers νηῶν καὶ ποταμοῦ καὶ τείχεος ὑψηλοῖο ist ein Einschiebsel.

Auch beschränktere Theile der Ebene sind, wo es sich um Kriegsarbeit handelt, in dieser oder ähnlicher Weise gebildet. So weit überhaupt der Kampf reicht, ist alles glatt und eben, ein wahrer Tanzplatz des Ares, mit gleichen Chancen für Griechen und Troer. Nie wird ein Vortheil erwähnt, der einem von beiden Theilen aus der Terrainformation erwachsen wäre. Die Streitwagen rollen nach allen Richtungen unbehindert und ebenmäfsig dahin, der Held faſst seinen Gegner ins Auge und fährt wie auf einer Kunststrafse auf ihn los; überall ist fester Boden, der dem Rad Widerstand leistet, kein Stein liegt im Wege, an welchen man anprallen könnte.

Natürlich hindert dies nicht, daſs zu anderer Zeit derselbe Boden willig das Material gewährt, das die Streitenden bedürfen, wenn sie ihren Kampf mit Steinwürfen fortsetzen wollen. Sofort sind Blöcke bei der Hand, welche zwei Männer aus späteren Geschlechtern nicht gehoben haben würden (E 302 Y 286), und nur selten wird motivirt, woher es komme, daſs sich der Stein

gerade an der Stelle befinde, wo der Held ihn greift.
Γ 80 schleudern die Achäer Steine gegen Hektor, *M* 287 beide Heere Steine gegen einander. Oder jene Uniformität wird dadurch unterbrochen, dafs in der Ebene Sand fingirt wird. *E* 586 stürzt der Wagenlenker des Pylämenes, Mydon, von Antilochos getroffen, häuptlings in tiefen Sand und steht so lange auf Kopf und Schultern, 'von lockerem Sande gehalten', bis die Pferde ihn anstofsen und zu Boden werfen. *Z* 39 soll Adrast lebendig gefangen werden. Daher erscheint auf der sonst nackten Ebene eine Tamariske, in deren Gezweig seine Pferde ihre Füfse verwickeln. Sie sprengen scheu durch das Gefilde, zerbrechen die Deichsel und eilen der Stadt zu, während ihr Herr vom Wagen gleitet und zu Boden stürzt.

Oder *Θ* 507 sammeln die Troer auf der Ebene, auf welcher sonst kein Stecken zu finden ist, im Handumwenden das nöthige Brennholz, um ihre tausend Wachtfeuer zu speisen und ihr Abendmahl zu rüsten.

Dafs in dieser Ebene weder das Denkmal der Springerin Myrinna noch das Grab des Aesyetes noch die Kallikolone einen ständigen Platz haben, sondern zu den Details gehören, die auf den Befehl des Dichters erscheinen, um gleich wieder zu verschwinden, brauche ich wohl nicht ausdrücklich zu bemerken.

Eine zweite Theilung der Ebene, der Länge nach, ergiebt sich aus der Fluchtlinie der Troer, die immer dieselbe ist und weder nach rechts noch links abweicht. *Λ* 167 flüchten sie, von Agamemnon verfolgt, von den Schiffen weg am Grabmal des Ilos vorbei 'mitten durch die Ebene', wie Homer hinzusetzt, nach der Stadt zu. Agamemnon folgt ihnen schreiend. Die Vordersten erreichen das skäische Thor, der Rest flüchtet immer noch 'mitten durch die Ebene' stadtwärts. Dieselbe Richtung verfolgen die Gefährten des verwundeten Hektor, als sie ihn auf seinen Wagen gelegt und 'stadtwärts' fahren. Sie kommen zu der Furt des Skamander, und legen ihn dort auf die Erde. Auf demselben Wege gelangen die von Achilleus gejagten Troer an den Flufs; die Hälfte von ihnen gewinnt mit Hülfe der Furt das entgegengesetzte Ufer und setzt ihren Weg 'stadtwärts' fort. Derselbe Weg ferner führt E 693 die Gefährten des Sarpedon bis zur Buche am skäischen Thore; dort setzen sie ihren todtwunden Herrn nieder und ziehen ihm das Geschofs aus dem Schenkel.

Man sieht aus dieser Zusammenstellung, dafs die Dichter der Ilias von der wirklichen troischen Ebene und dem wirklichen Lauf des Skamander keine Vorstellung hatten: aber sie hielten wenigstens, wie es sich schickte, an der von der Sage überlieferten einen Ebene und dem einen Flusse fest. Dagegen schuf der Nachdichter seinen Simois der Sage zum Trotz oder ohne sich die in der Ilias bestehenden localen Verhältnisse klar gemacht zu haben; denn nicht blofs die heutige Karte der troischen Ebene, sondern auch die Zweitheiligkeit derselben, wie sie in der Ilias beliebt ist, schliefst einen zweiten Flufs von Rang neben dem Skamander aus. Natürlich war es leichter, einen Namen in die Ilias einzuführen, als ihn mit Wahrscheinlichkeit zu placiren. Letzteres ist dem Nachdichter schlecht gelungen; er läfst sein Geschöpf in der Irre laufen und bald mit sich selbst in Widerspruch gerathen, bald den Skamander aus seinem Bette treiben und zu gleicher Irrfahrt nöthigen.

Ich weifs nicht, aus welchem Grunde der Nachdichter seinen Flufs geschaffen haben mag, denn jedenfalls genügt es nicht, zu vermuthen, dafs ihm zwei Flüsse lieber gewesen seien als einer; dagegen scheint versichert werden zu dürfen, dafs er den Simois erst dann in die Lieder

der Ilias einführte, als das lebendige Bewufstsein der
Sage unter den Ioniern bereits zu schwinden anfing, als [126]
das Volk aufgehört hatte, die Sage als sein Eigenthum
zu betrachten und zu überwachen, als individuelles Belieben sich breit machen und an den alten Stamm der
Sage die Hand legen durfte. Dafs mit dem Simois keinem
Bedürfnifs abgeholfen wurde, dafs er eben so gut weg-
bleiben konnte, scheint der Nachdichter selbst empfunden
zu haben. Er hat ihn stiefväterlich ausgestattet und
nichts rechtes aus ihm machen mögen. Der Simois ist
ein Name geblieben; alles fehlt ihm, was den Skamander
respectabel macht, göttliche Natur, Opfer, Priester, er
zieht nicht mit in den Götterkampf, nach ihm ist keine
Ebene benannt, kein Epitheton hängt ihm an, keine Furt
ist ihm angedichtet, und nur ein Trojaner niederen Ur-
sprungs hat von ihm den Namen erhalten.

Die Zusätze, welche den Simois einschalten, sind in
den meisten Fällen nicht durch einen einfachen Schnitt
aus dem Verbande der umstehenden Verse zu trennen,
sondern sind in dieselben hineingearbeitet und fallen vor
die definitive Redaction der Ilias, wie sie uns heute vorliegt. [16]) Auch soviel darf behauptet werden, dafs der
Simois seinen Einzug in die Ilias früher gehalten haben
mufs, ehe Hesiod die Geburt der Flüsse dichtete, weil
dieser einen Theil der von ihm aufgeführten Flufsnamen
aus jenem Gedicht entnommen hat.

Es wird erlaubt sein, an den Stellen der Ilias, in
welchen der Simois erwähnt wird, die Manier der Interpolation im Einzelnen nachzuweisen.

Im Flufskampf (Φ 308) fordert der Skamander den
Simois auf, sich gegen Achilleus zu erheben, seine Ufer

---

[16]) Dasselbe gilt von den Zusätzen, durch die der Xanthos
eingeführt wird.

aus Quellen und Giefsbächen zu füllen und Balken und Steine daher zu wälzen: aber weder antwortet der Angeredete mit einer Silbe, noch wird ein Erfolg jener Aufforderung gemeldet. Beides widerspricht der sonstigen epischen Sitte. Mit jener Anrede ist der Simois vergessen; er wird nicht weiter erwähnt. Hätte er sich wirklich an dem Kampfe betheiligt, so würde er, nachdem Hephästos den Aufruhr des Skamander durch seine Brände beschwichtigt, ohne Frage gleichfalls seine Strafe erhalten haben. Jene Aufforderung stammt von demselben Nachdichter, der den Hülferuf ersonnen hat, welchen der Skamander ein paar Verse früher an Apollon richtet.¹⁷) Auch diese Anrede ist in den Wind gesprochen: Apollon antwortet nicht und hilft auch nicht, und, um das Ungeschickte der Fälschung noch zu vermehren, wird die Bitte des Skamander dadurch motivirt, dafs er sich auf einen von Zeus an Apollon ergangenen Befehl, den Troern zu helfen, bezieht, von welchem sonst nichts zu lesen ist.

Noch wunderlicher erscheint der Simois in Υ 54, einer auch im übrigen seltsamen Stelle, an deren Schlufs es heifst, dafs Ares die Troer bald von der obersten Höhe der Stadt zum Kampfe gerufen habe, bald am Simois hin und wieder gelaufen sei. Man hat geglaubt, des Simois Erwähnung dadurch rechtfertigen zu können, dafs man Strabo heranzog, welcher eine Ebene des Simois nennt, und erklärte die homerische Stelle dahin, dafs der Kampf von den Ufern des Skamander an die des Simois hinübergespielt worden sei oder in beiden Ebenen zugleich getobt habe. Allein die Ebene des Simois ist eine Erfindung der Neu-Ilier oder des Demetrius; Homer kennt weder sie noch überhaupt eine troische Ebene neben der einen skamandrischen. Der Interpolator hat

---

¹⁷) Φ 228.

sich ohne Zweifel erinnert, dafs der Skamander zu dem Götterkampf abgegangen war. Da nun dieser Flufs, so vernünftelte er, nicht an zwei Stellen zugleich, unter den Göttern und auf Erden sein konnte, so führte er den Simois als Stellvertreter des Skamander in die Ebene ein. Im fünften Buch der Ilias eilen Hera und Athene den Griechen zu Hülfe, und lassen sich in ihrem Wagen an derjenigen Stelle der troischen Ebene nieder, wo der Skamander und Simois ihre Wasser vereinigen (773),

ἀλλ᾽ ὅτε δὴ Τροίην ἷξον ποταμώ τε ῥέοντε,
ἧχι ῥοὰς Σιμόεις συμβάλλετον ἠδὲ Σκάμανδρος,
ἔνθ᾽ ἵππους ἔστησε θεὰ λευκώλενος Ἥρη
λύσασ᾽ ἐξ ὀχέων, περὶ δ᾽ ἠέρα πουλὺν ἔχευεν.

Dies ist eine geographische Notiz, die mehr als bedenklich erscheint, wenn man erwägt, dafs an anderen Stellen der Ilias der Simois als ein Flufs mit selbständiger Mündung auftritt. Namentlich zeigt dies der Anfang des zwölften Buches, wo erzählt wird, Apollon habe, nachdem die Griechen heimgefahren, acht Flüsse von den Höhen des Ida in die Ebene hinabgeführt, ihre Gewässer vereinigt und durch die Gewalt des so gebildeten Stromes das Lager und die Mauer der Griechen weggeschwemmt,

αὐτὰρ ἐπεὶ κατὰ μὲν Τρώων θάνον ὅσσοι ἄριστοι,
πολλοὶ δ᾽ Ἀργείων οἳ μὲν δάμεν οἳ δὲ λίποντο,
πέρθετο δὲ Πριάμοιο πόλις δεκάτῳ ἐνιαυτῷ,
Ἀργεῖοι δ᾽ ἐν νηυσὶ φίλην ἐς πατρίδ᾽ ἔβησαν,
δὴ τότε μητιόωντο Ποσειδάων καὶ Ἀπόλλων
τεῖχος ἀμαλδῦναι, ποταμῶν μένος εἰσαγαγόντες,
ὅσσοι ἀπ᾽ Ἰδαίων ὀρέων ἅλαδε προρέουσιν,
Ῥῆσός θ᾽ Ἑπτάπορός τε Κάρησός τε Ῥοδίος τε
Γρήνικός τε καὶ Αἴσηπος δῖός τε Σκάμανδρος
καὶ Σιμόεις, ὅθι πολλὰ βοάγρια καὶ τρυφάλειαι
κάππεσον ἐν κονίῃσι καὶ ἡμιθέων γένος ἀνδρῶν·

τῶν πάντων ὁμόσε στόματα τράπε Φοῖβος Ἀπόλλων
ἐννῆμαρ δ' ἐς τεῖχος ἵη ῥόον.

Aufgezählt werden neben Skamander und Simois als
helfende Flüsse Rhesos, Heptaporos, Karesos, Rhodios,
Grenikos und Aesepos. Alle acht werden neben einander
genannt als gleich erheblich, als gleich tauglich zu dem
Werk der Zerstörung, und nachdem sie ihren Auftrag
vollzogen, wird jeder einzeln in sein altes Bett zurück-
geschickt. Diese Erzählung war unmöglich, wenn der
Dichter überzeugt war, dafs die Mündung des Skamander
und Simois von jeher eine gemeinschaftliche gewesen sei;
und so sieht auch Hesiod die Sache an, wenn er in den
schon wiederholt erwähnten Versen der Theogonie (337),
in denen er sieben Flüsse von Homer entlehnt,

Τηθὺς δ' Ὠκεανῷ Ποταμοὺς τέκε δινήεντας,
Νεῖλόν τ' Ἀλφειόν τε καὶ Ἠριδανὸν βαθυδίνην,
Στρύμονα Μαίανδρόν τε καὶ Ἴστρον καλλιρρέεθρον,
Φᾶσίν τε Ῥῆσόν τ', Ἀχελώιον ἀργυροδίνην,
Νέσσον τε Ῥοδίον θ' Ἁλιάκμονά θ' Ἑπτάπορόν τε,
Γρήνικόν τε καὶ Αἴσηπον, θεῖόν τε Σιμοῦντα,
Πηνειόν τε καὶ Ἕρμον ἐυρρείτην τε Κάικον,
Σαγγάριόν τε μέγαν, Λάδωνά τε Παρθένιόν τε,
Εὔηνόν τε καὶ Ἄρδησκον, θεῖόν τε Σκάμανδρον,

den Skamander und Simois durch eine Reihe von acht
Flufsnamen trennt, so dafs er an den Simois als Mün-
dungsgenossen des Skamander nicht im Entferntesten gedacht haben kann. Dafs der in der angeführten Stelle
des fünften Buchs thätige Nachdichter von dem Lauf des
Skamander zwischen Stadt und Griechenlager nichts
wufste oder wissen wollte, ist zweifellos; freilich wie er
sich den Lauf der beiden Flüsse und ihre Mündung gedacht hat, ist nicht ausfindig zu machen; er wird sich
die Sache selber nicht klar vorgestellt haben. Etwas

sicherer läfst sich ermitteln, wo er den Vereinigungspunkt der beiden Flüsse angesetzt habe. Dafs nämlich Hera und Athene ihr Gespann an einem Orte einstellen müssen, bis zu welchem die Kriegsfurie noch nicht gedrungen ist, ist selbstverständlich und wird auch dadurch bestätigt, dafs die beiden zu Fufs nach der Kampfebene wandern. Nun pflegt aber in der Ilias als die kampffreie Seite der Ebene die linke zu gelten. Ares zum Beispiel, der vom Kampfe entfernt ist, sitzt $\mu\acute{\alpha}\chi\eta\varsigma\ \grave{\epsilon}\pi$' $\acute{\alpha}\varrho\iota\sigma\tau\epsilon\varrho\acute{\alpha}$ E 355. Der Nachdichter wird also die Göttinnen auf der linken, das heifst, der nördlichen Seite der Ebene haben halten lassen. Uebrigens haben wir hier, im zwölften und fünften Buch, Interpolationen verschiedener Hände vor uns, denn derselbe Nachdichter kann den Simois nicht bald isolirt, bald mit dem Skamander verbunden ins Meer fliefsen lassen.

Ferner ist der schon oben angeführten Stelle des sechsten Buches (4) zu gedenken, in welcher erzählt wird, dafs sich die Schlacht zwischen dem Skamander und Simois hin und her bewegt habe. Der Nachdichter scheint sich hier die beiden Flüsse als Nord- und Südgrenze der Kampfebene gedacht zu haben.

In einer im Uebrigen unschuldigen Stelle, $\varDelta$ 474, wird erzählt, dafs der Troer Simoisios am Simois geboren und nach dem Namen des Flusses benannt worden sei. Die Geschichte ist nichts als ein Abklatsch der bekannten älteren, nach welcher Hektors Sohn seinen Doppelnamen Skamandrios nach dem Nationalflusse Trojas erhielt. Die Stelle erregt sonst kein Bedenken, als dafs eben der Simois in ihr erwähnt wird. Auch hier ist der Flufs ein blofser Name; wo er anzusetzen sei, ist natürlich nicht auszuklügeln.

Doch genug vom Simois, der jetzt hoffentlich zu den Todten gelegt werden darf. Noch ist vonnöthen, ein Wort über die Quellen des Skamander zu sagen.

Bekanntlich liegt Homer mit sich selber im Widerspruch, wenn er in den oben ausgeschriebenen Versen des zwölften Buchs den Skamander auf dem Ida, im zweiundzwanzigsten dagegen in der Nähe von Troja entspringen läfst. Demetrius sucht zu vermitteln und verfällt auf Albernheiten. Er bemerkt zunächst richtig, die wirkliche Skamanderquelle entspringe nicht in der Ebene, sondern auf dem Gebirge, und sei nicht eine Doppelquelle, wie die des zweiundzwanzigsten Buches, sondern eine einfache. Aber die warme und kalte Quelle vermag er nicht los zu werden, und hält demnach dafür, dafs jene, weil sie nicht aufzufinden war, versiegt sein möge, während die kalte sich auf dem Ida vom Skamander abgezweigt habe, unter der Erde weitergeflossen sei und in der Nähe von Troja zu Tage trete, oder es könne auch wohl dies nämliche Wasser deshalb, weil es in der Nähe des Skamander fliefse, zu den Quellen des Skamander gerechnet werden. Nicht glücklicher ist die Lösung, welche Eckenbrecher ersonnen hat. Natürlich läfst auch er als Originalquelle des Skamander die auf dem Ida bestehen. Aber nach seiner Ansicht ist im zweiundzwanzigsten Buche nicht von den Quellbächen des Skamander die Rede, sondern, weil der Artikel vor πηγαί fehle, überhaupt von Quellen, und Homer könne sehr wohl, um zu bezeichnen, dafs jene Quellen 'nach dem Skamander' hinabgeflossen seien, von 'Quellen' des Skamander geredet haben. Allein abgesehen davon, dafs gesunde Menschen, wie Homer, überhaupt nicht so zu reden pflegen, so liegt auf der Hand, dafs, wenn der Skamander seine Quellen auf dem Ida hat, von dem Augenblicke ab, wo er als fertiger Flufs in die Tiefebene eintritt, von ferneren Quellen desselben nicht mehr die Rede sein kann. Ferner bedeuten nach homerischem Sprachgebrauch πηγαὶ δοιαὶ Σκαμάνδρου ohne allen Zweifel die beiden Quellen des

Skamander, und dafs mit der Doppelquelle der eigentliche Ursprung des Skamander bezeichnet ist, ergiebt sich aus dem Wortlaut der Schilderung. Zunächst heifsen die Quellen *κρουνοί*, das heifst Springquellen, die aus der Erde hervorbrechen, und dann wird dieser Ausdruck erläutert durch *πηγαί*, mit welchem Worte ganz eigentlich die Anfänge eines Flusses gemeint werden. Dafs sich aus diesen Quellbächen ohne alle Umstände der Flufs der troischen Ebene entwickelt, hat der Dichter zu verantworten, dem alles möglich ist, und der uns wohlweislich die Stärke jener Quellbäche und die Länge ihres Laufes durch die Ebene nicht in Mafsen mittheilt, damit wir sie uns so mächtig denken mögen, als unsere Phantasie es erlaubt. Der Flufs springt aus der Erde, fertig und vollkommen, und verdient, weil es der Dichter so will, gleich nach seiner Geburt das Prädicat 'wirbelnd'.

Dafs freilich ein und derselbe Dichter den Skamander in demselben Gedicht auf dem Ida und in der Ebene habe entstehen lassen, läfst sich kaum glauben; dafs die Diaskeuasten keinen Unrath gemerkt, ist nichts Verwunderliches, haben sie sich doch auch die doppelte Mündung des Simois gefallen lassen. Die Stelle im zweiundzwanzigsten Buche zu verdächtigen sehe ich keinen Grund; dagegen liefs sich schon oben der Anfang des zwölften Buches als Arbeit eines Nachdichters bezeichnen. Die Verse 3 bis 35 machen den Eindruck einer Einleitung zu der das zwölfte Buch füllenden Teichomachie, und lassen sich, wenn auch nicht nach dem Wortlaut, so doch sachlich mit Leichtigkeit von dem sonstigen Inhalt jenes Buches abtrennen. Sie scheinen aus den Worten des siebenten Buches (459—463), in welchen Zeus die Bedenken Poseidons bezüglich des Mauerbaues im griechischen Lager beschwichtigt, entwickelt zu sein. Man könnte vermuthen, dafs, weil die Verbindung *ῥιτρῶν* mit *λάων* nur *M* 29 und *Φ* 314 und sonst nirgends bei Homer vorkömmt, die Schilderung der Zerstörung der griechischen Mauer im zwölften Buche und die Apostrophe des Skamander an den Simois demselben Nachdichter zuzuweisen seien. Indessen will ich auf diese Bemerkung kein Gewicht legen. Wie der ältere Dichter dazu gekommen sei, die Quellen des Skamander in die Ebene zu verlegen, ist unschwer zu sagen. Von der eigentlichen Quelle des Skamander auf dem Ida war ihm nichts bewufst; die Sage hatte ihm nur den Namen des troischen Flusses, ohne geographische Directive überliefert, und es blieb seinem Befinden überlassen, sich die Quelle seines Flusses zu construiren. Jene Anschauung, nach welcher der Skamander die Ebene quer zwischen Stadt und Lager durchschneidet, war ihm geläufig. Bei solcher Richtung des Flusses that er nichts Absonderliches, wenn er seine Quellen an die Grenze der Ebene versetzte, rechts oder links von Troja, wo sich der Tod Hektors ereignen sollte.

Ich würde die vermeintliche Auffindung des Wahrzeichens der alten Stadt, der beiden Skamanderquellen, durch den Franzosen Lechevalier gar nicht erwähnen, wenn man sich nicht neuerdings wieder auf sein Zeugnifs berufen und daraus einen Hauptbeweis für die Autopsie Homers entnommen hätte.

Lechevalier leitete die Reihe seiner topographischen Entdeckungen in der troischen Ebene damit ein, dafs er in den Gärten des Aga von Bunarbaschi den Park des Priamos wiedererkannte, wo Lykaon, als er einen wilden Feigenbaum fällte, von Achilleus überrascht wurde.[18]) Lüge und Gedankenlosigkeit halfen weiter. In nächster Nähe von Bunarbaschi fand sich die gesuchte Doppel-

---

[18]) *Φ* 35.

quelle, freilich nicht die beiden von Homer geschilderten, aus der Erde springenden gewaltigen Wasseradern, sondern zunächst die sogenannten Vierzig Quellen, ein Bündel kleiner Wasserfäden, die Lechevalier ohne viel Federlesens zu der kalten homerischen Quelle zusammenzog. Als warme Quelle begrüfste er sodann ein mit jenen Vierzig nicht zusammenhängendes Rinnsal, das bei seinem ersten Besuche nichts Bemerkenswerthes zeigte, aber nach einigen Monaten besser parirte und den erwarteten Dampf von sich blies. Im nächsten Jahre zog ein zweiter Reisender, Choiseul-Gouffier, desselben Weges, und weiterte die Lügen Lechevaliers mit dem Thermometer in der Hand. Die Temperaturfrage ist durch Eckenbrecher ein für alle Mal entschieden. Durch sorgfältige Messungen ermittelte er, dafs sämmtliche von Lechevalier bezeichnete Quellen, die vierzig und eine, an denjenigen Punkten, wo sie aus der Erde hervorbrechen, ohne Unterschied der Jahreszeit 13—15° R. zeigen, Zahlen, an welchen die saubersten Messungen der neuesten Zeit nichts Wesentliches geändert haben.

Auch die Lage der Einundvierzig ist eine völlig andere, als die der von Homer geschilderten Quellen. Nicht auf einem Hügel bei Bunarbaschi entspringen die letzteren, sondern in der Nähe des homerischen Troja, in der Ebene; denn nach Homers Vorstellung lag Troja so, und trotz der Epitheta, die auf Höhe deuten, nicht auf den Ausläufern des Gebirges. Dies ergiebt sich unter andern zur Genüge aus V 217, wo wir erfahren, dafs in alten Zeiten, als die Dardaner noch auf den Vorbergen des Ida hausten, die Stadt 'noch nicht' in der Ebene lag, wie zur Zeit des troischen Krieges; und zweitens aus dem Wettlauf Achills und Hektors, der ohne alle Frage um die Stadtmauer, nicht vor derselben ausgeführt wurde. Um für letzteren Fall den nöthigen Raum zu gewinnen, um den Begriff der Ebene gleich von vornherein festzustellen und den Hörer anzuweisen, dafs hier von einer gleichmäfsigen Fläche die Rede sei, fingirt der Dichter einen Fahrweg, der in einer gewissen Entfernung die Stadt umschliefst. Hektor, welcher am skäischen Thor gestanden hat, wendet sich, sobald er Achills ansichtig wird, zur Flucht, und dieser setzt ihm nach. Unter den Füfsen der beiden streckt sich jener Weg, der wie eine Rennbahn keinerlei Hindernisse bietet, und glatt und eben dahinträgt. Es wäre geradezu ungereimt gewesen, wenn der Hörer hätte voraussetzen dürfen, dafs möglichenfalls in Folge einer aus der Unregelmäfsigkeit des Terrains entspringenden Schwierigkeit das gewaltige Tempo, in welchem man die beiden dahinjagen sieht, oder die gleiche Kopfhöhe der beiden, die wie Relieffiguren erscheinen, auch nur in ein augenblickliches Schwanken hätte gerathen können. Um die Höhen von Bunarbaschi konnte dieser Lauf nicht ausgeführt werden.

Die homerische Doppelquelle ist also von Lechevalier nicht gefunden worden, und auch die Anstrengungen der nachfolgenden Topographen, irgend welches Wasser der troischen Ebene mit Homers Schilderung in Einstimmung zu bringen, sind als verlorene Mühe anzusehen. Aber jene Quelle wird auch nicht gefunden werden, so lange man nicht weifs zu schwarz und schwarz zu weifs verkehrt. Sie ist eine freie Schöpfung des Dichters, der die Nöthigung empfand, diejenige Stelle des Näheren zu schildern, wo der Hauptheld der Troer, an dessen Wohl und Wehe das Schicksal der Stadt hing, sein Ende finden sollte. Es war natürlich, ihn an der Geburtsstätte des heimischen Stromgottes sterben zu lassen, wo sich in glücklicheren Zeiten der friedliche Werkeldienst troischer Frauen geregt hatte. Dafs der Skamanderquelle in ihrer Doppeltemperatur vom Dichter etwas Phänomenales gelichen ist, mag durch die Bedeutendheit des an ihr sich ereignenden Vorganges veranlafst sein, zu dessen feierlichem Ernst ein Wasser gewöhnlicher Art nicht auszureichen schien. Ich bilde mir ein, an dem Beispiel des Skamander und Simois gezeigt zu haben, dafs die reale troische Ebene mit der homerischen blutwenig gemein hat, und dafs der Gedanke einer Wanderung des Dichters längs der troischen Küste endlich aufzugeben ist. Die localen Notizen, welche Homer der Sage verdankt, können nur allgemeinster Natur gewesen sein; sie wird ihm schwerlich mehr verrathen haben, als dafs sich die troischen Kämpfe auf einer Ebene zugetragen, dafs diese vom Hellespont bis zum Ida gereicht, und dafs der Flufs dieser Ebene Skamander geheifsen habe. Die Weiterentwickelung und Ausgestaltung des so Gewährten haben wir als eigenste Erfindung des Dichters anzusehen, der vielleicht von mancher Insel des ägäischen Meeres und vielen anderen geographischen Dingen deutlichere Vorstellungen hatte, als von jenem Erdenwinkel. Es wird an der Zeit sein, allen denen, welche noch heute in der troischen Ebene den homerischen Details nachspüren, das Wort des Aristoteles entgegenzuhalten, dafs der Dichter, was er geschaffen, auch wieder habe verschwinden lassen.

III

VIER HOMERISCHE FLÜSSE.

[Commentationes philologae in honorem Th. Mommseni scriptae p. 769.]

In der Interpolation, welche sich an der Spitze des zwölften Buchs der Ilias befindet, wird uns erzählt, wie Apollon und Poseidon nach dem Abzug der Griechen von Troja die Lagermauer derselben mit Hülfe von acht Flüssen zerstören, deren Mündungen sie in einen einzigen Strom zusammenziehen. Nachdem die Flüsse ihre Schuldigkeit gethan, werden sie auf demselben Wege, auf welchem sie hergekommen, wieder nach Hause geschickt. Die Verse, auf welche ich mich in den nachstehenden Auseinandersetzungen beziehen werde, sind folgende:

δὴ τότε μητιόωντο Ποσειδάων καὶ Ἀπόλλων
τεῖχος ἀμαλδῦναι, ποταμῶν μένος εἰσαγαγόντες,
ὅσσοι ἀπ' Ἰδαίων ὀρέων ἅλαδε προρέουσιν,
'Ρῆσός θ' Ἑπτάπορός τε Κάρησός τε 'Ροδίος τε
Γρήνικός τε καὶ Αἴσηπος δῖός τε Σκάμανδρος
καὶ Σιμόεις.

Dieselben werden von einem neueren Erklärer dahin erläutert, dafs von den genannten Flüssen nur die vier letzten bedeutend seien, und dafs Homer diese mit Ausnahme des Granikos auch sonst noch erwähne. Von den übrigen Vier münde der Rhesos in den Granikos, der

Heptaporos, auch Πολύπορος genannt, in den Adramyttenischen Meerbusen, der Karesos ergiefse sich in den Acsepos und der Rhodios in den Hellespont, gegenüber von Κυνὸς σῆμα zwischen Abydos und dem Vorgebirge Dardanos. Das ist Belehrung, die sich auf eine nicht eben vorsichtige Betrachtung gewisser Mittheilungen Strabos gründet, und bei welcher man nicht wohl abzusehen vermag, welchen Dienst sie für die Ergänzung oder Berichtigung der homerischen Worte leisten soll.

Es fragt sich zuvörderst, wie sich der Dichter der ausgeschriebenen Verse die vier letzterwähnten Flüsse, Rhesos, Heptaporos, Karesos und Rhodios vorgestellt haben möge. Hier ist zu wiederholen, was ich bereits an einem 770 anderen Orte[1]) erinnert habe, dafs alle acht Flüsse von dem Dichter jener Worte auf eine und dieselbe Linie gestellt sind, dafs keiner von ihnen kleiner oder gröfser erscheint als der andere, und dafs sie zu dem Stofs, welcher gegen die Mauer der Griechen geführt werden soll, gleich bemessene Kräfte mitbringen. Auch Hesiod, der von den acht Flüssen sieben für seine Zwecke verwendet, kennt zwischen ihnen keine Gröfsenunterschiede. Er rechnet die Sieben zu den Hauptströmen der Welt, und weist unter andern dem Rhesos zwischen Phasis und Acheloos, dem Rhodios neben dem Nessos, dem Heptaporos nach dem Haliakmon seinen Platz an. Der Scholiast zur Ilias M 22 bemerkt ganz richtig καὶ ὅτι ἀτέγνω Ἡσίοδος τὰ Ὁμήρου ὡς ἂν νεώτερος τούτου· οὐ γὰρ (l. οὐ γὰρ ἂν) ἐξηνήνοχε τοὺς ποταμοὺς, μὴ ὄντας ἀξιολόγους, εἰ μὴ δι' Ὅμηρον, καὶ τῷ Σιμοῦντι προσέθηκεν ἐπίθετον τὸ 'θεῖόν τε Σιμοῦντα', denn Hesiod hat die Sieben

---

[1]) Ueber die homerische Ebene von Troja S. 128. (s. oben S. 62.)

wirklich Homer zu Liebe und auf Homers Empfehlung in sein Gedicht herüber genommen. Und schwerlich wird er dem Karesos in Folge irgend welches kritischen Bedenkens, als sei er nicht ganz courfähig, den Zutritt zu seinen Versen versagt haben; hat er doch die übrigen Sieben, unter ihnen den Skamander, der, wie Philostratus [2]) sagt, 'kleiner als die grofsen Flüsse' ist, in die beste Gesellschaft, neben die gröfsten Flüsse der alten Welt, neben Nil und Ister gebracht. Der Grund jenes Ausfalls ist vielmehr ein rein äufserlicher gewesen. Die für die Aufzählung der Flüsse von Hesiod vorgesehenen Verse waren aufgebracht, die Liste war geschlossen, der Dichter hatte keine Lust und es lag für ihn keine Nöthigung vor, an einen im übrigen unbekannten Namen, von dem er nichts zu prädiciren wusste, einen besonderen Vers zu wenden. Auch war es völlig gleichgültig, ob zu drei unbekannten Namen ein vierter desselben Schlages gefügt wurde oder nicht.

Dieselben vier Flüsse sind ferner, wie die Worte ὅσσοι ἀπ᾽ Ἰδαίων ὀρέων ἅλαδε προρέουσιν beweisen, von dem Dichter als selbständige Gewässer, nicht als Nebenflüsse aufgefafst. Während dies letztere Geschlecht von dem Augenblicke ab, wo es sich mit seinem Hauptflusse verbindet, sich seines alten Namens abthut und in dem des Hauptflusses aufgeht, so fliefsen die Vier, wie uns der Dichter versichert, so gut wie Skamander, Simois, Granikos und Aesepos, von den Höhen des Ida unter demselben Namen, auf welchen sie an ihrer Quelle getauft wurden, hinab zum Strand und ins Meer hinein. Und ein weiteres Zeugnifs für ihre Selbständigkeit ist uns dadurch gegeben, dafs der Dichter mit dürren Worten mittheilt, wie Apollon die Mündungen der Acht, das

---

[2]) Heroicus S. 322.

heifst, ihre Einzelmündungen, in einen einzigen Strom
zusammengeführt habe, τῶν πάντων ὁμόσε στόματ᾽
ἔτραπε Φοῖβος Ἀπόλλων, und wie er eben jene Gesammt-
mündung wieder in ihre früheren Bestandtheile aufgelöst
und jeden Flufs wieder einzeln heimgeschickt habe, κὰρ
ῥόον, in dem ihm zugehörigen Bette, ᾗπερ πρόσθεν ἵεν
καλλίρροον ὕδωρ, in welchem er von Anfang meerwärts
geflossen sei.

Etwas weniger springt in die Augen, wie sich der
Dichter die geographische Lage der sechs der troischen 771
Ebene nicht angehörigen Flüsse vor und nach ihrer Vereinigung vorgestellt habe, und auf directem Wege freilich
ist dies aus seinen Versen nicht herauszulesen; indessen
werden wir kaum voraussetzen dürfen, er habe jene Sechs
zur Ausführung der von Apoll und Poseidon beabsichtigten
That über das Gebirg steigen und auf diesem Wege in
den Hellespont münden lassen, sondern er wird sich die
Sache einfacher zurecht gelegt haben. Strabo S. 503 sagt,
der Ida schaue nach Westen und nach dem Westmeer.
Ich denke, da dem Dichter unserer Verse keine heutige
Karte vorlag, so wird auch für ihn jene Vorstellung die
natürlichste gewesen sein, und wir werden in seinem
Sinne handeln, wenn wir diejenigen der acht Flüsse, die
in Wirklichkeit nicht fixirt sind, wie den Heptaporos und
Rhesos, auf der westlichen Abdachung des Ida aufsuchen.
Auch den Granikos und Aesepos, die eigentlich nordwärts,
in die Propontis münden, werden wir etwas weiter nach
der troischen Ebene hinabrücken und westwärts münden
lassen dürfen. Der Dichter sieht den Ida mit seinem
Abfall nach dem Hellespont wie eine gewaltige Böschung
vor sich, an deren Fufs sich eine Flachküste dehnt, und
die acht Flüsse, die auf den Höhen des Ida entspringen,
fallen in ohngefähr gleichem Abstand und auf dem kür-
zesten Wege ins Westmeer. Wie Menschen auf weiter

Fläche Gewässer abgraben und in andere Bahnen leiten oder mit anderen Wasserläufen vereinigen, so werden die Acht nach der Vorstellung des Dichters durch den Willen Apolls, ohne dafs Terrainschwierigkeiten zu überwinden gewesen wären, nach einem und demselben Punkte hingeführt. Mit diesen Anschauungen freilich stehen die Berichte des Demetrius von Skepsis, der Hauptquelle Strabos für die Kenntnifs der troischen Flüsse, in entschiedenem Widerspruch. Er hat den Rhesos, Heptaporos, Karesos und Rhodios als Nebenflüsse wiederentdeckt, ihre Quellen auf der östlichen Seite des Ida, in der Nähe der sogenannten 'Schönen Fichte' aufgefunden und läfst ihre Wasser nicht in den Hellespont, sondern in die Propontis ablaufen.

Und doch hätte ihm bekannt sein müssen, dafs in den homerischen Gedichten Nebenflüsse zu den Seltenheiten gehören und dafs für Kleinasien jedenfalls ein homerischer Flufs dieser Gattung beim besten Willen nicht aufzutreiben ist; und nicht minder hätte ihm beifallen müssen, dafs er durch die Verwandlung der selbständigen Flüsse Homers in Nebenflüsse das von dem Dichter berichtete Wunder geradezu ins Lächerliche umgeschrieben hat. Denn jetzt treten die Vier aus ihrer subalternen Natur heraus und münden als berufene Theilnehmer an der Expedition gegen die Griechenmauer nicht mehr in ihre Hauptflüsse, sondern lösen sich von diesen, klettern als selbständige Gewässer über die Wasserscheide des Ida, recken sich bis zum Hellespont und ergiefsen sich in denselben, wohl zu merken, neben ihren früheren Herren, neun ganze Tage lang. Nach Ablauf des Termins kehren sie wieder in ihre bescheidene Stellung und in ihr altes Abhängigkeitsverhältnifs zurück.

Das ist Komik, die vielleicht einem travestirenden

Dichter ansteht, aber schwerlich einem ernsten Erzähler, als den wir uns, mein' ich, den Dichter jener Interpolation vorzustellen haben, und die Lüge ist gröfser als sie jemals Homer oder selbst seine Interpolatoren in Umlauf gesetzt haben. Auch die sonstige Gröfse der vier Flüsse stimmt 772 nicht zu der homerischen Anschauung. Demetrius selber rechnet sie zu den minimen Gewässern. Er erwähnt (bei Strabo S. 554) den Rhesos, Heptaporos, Karesos und Rhodios καὶ τοὺς ἄλλους, ὧν οἱ πλείους ὀχετῶν οὐκ εἰσὶ μείζους, 'und die andern, von denen die Mehrzahl nicht gröfser als Gräben und Rinnen sind', wodurch also das Mafs auch für die vorgenannten als für gleichartige gegeben ist. Dafs diese Notiz über die geringe Entwickelung jener Flüsse auf Demetrius zurückzuführen ist, zeigt der Vers 'Ῥῆσόν θ᾽ Ἑπτάπορόν τε Κάρησόν τε Ῥόδιον τε, der ihm wie ein Zettel aus dem Munde hängt, und zu erscheinen pflegt, wo er sich über die vier Flüsse äufsert. Aus sich selber hat Strabo die Notiz nicht geschöpft, da er nie in Troas gewesen ist.

Wir wissen aus Strabo[3]), dafs Demetrius als junger Mensch ungefähr zu derselben Zeit, als Antiochus der Grofse aus seiner Stellung innerhalb des Taurus vertrieben wurde, Neu-Ilion besuchte, und vermuthlich fallen in dieselbe Zeit seine beiläufigen Gedanken über die vier Flüsse. Ich erlaube mir, im Folgenden seine hierher gehörigen Mittheilungen zusammenzustellen und eingehender zu behandeln, als bisher geschehen ist.[4]) Sie sind in Auszügen bei Strabo und in den Ilias-Scholien enthalten. Aus beiden schöpft Eustathius, der über besondere, von den genannten unabhängige Quellen nicht verfügt. Ich

---
[3]) XIII S. 594.
[4]) (Vgl. jetzt Gaede Demetrii Scepsii quae supersunt. Diss. Gryph. 1880.)

bemerke bei dieser Gelegenheit, dafs Meineke in seiner Ausgabe Strabos zu weit gegangen ist, wenn er in den Auszügen des Letzteren aus Demetrius etwas anderes als blofse Referate gesehen hat. Hat Strabo, was ja wahrscheinlich ist, eine Anzahl Worte des Demetrius in seine eigene Rede verwebt, so durften doch nicht ganze Seiten als wörtliche Fragmente des Demetrius durch besondere Zeichen hervorgehoben werden. Dafs Strabo den Demetrius nicht Silbe um Silbe ausgeschrieben hat, lehren schon die Ergänzungen, welche sich für Strabos Mittheilungen aus Demetrius vermittelst der Homer-Scholien ergeben.

Die Reihe der vier Flüsse eröffnet der Rhesos. Demetrius äufsert sich über ihn bei Strabo XIII S. 602 (fr. 29 G.) in Kürze dahin, ὁ μὲν 'Ρῆσος ποταμὸς νῦν καλεῖται 'Ροείτης, εἰ μὴ ἄρα ὁ εἰς τὸν Γράνικον ἐμβάλλων 'Ρῆσός ἐστιν. Ergänzt werden diese Worte durch Eustathius S. 889, 59 [5]) ἰστέον δὲ καὶ ὅτι ὁ μὲν 'Ρῆσος ὁ τῷ προδεδηλωμένῳ Θρᾳκικῷ ἥρωι ὁμώνυμος 'Ροίτης ἐκαλεῖτο κατά τινας, περὶ οὗ λέγεται καὶ ὅτι ὁ 'Ρῆσος ποταμὸς [6]) ἀπὸ Καλῆς Πεύκης ῥεῖ, ἥτις Ἀδραμυττείου ἀπέχει σταδίους ἐγγύς που διακοσίους. Wir erfahren also, dafs der Rhoeites in der Nähe der 'Schönen Fichte' entsprang, das heifst, desjenigen am Südostabhang des Ida gelegenen geographischen Punktes, in dessen Umgebung Demetrius die Quellen der vier Flüsse wiederfindet und über welchen Strabo (XIII S. 603) oder vielmehr Demetrius selber uns folgenden Aufschlufs giebt. Περὶ δὲ τῆς Καλῆς Πεύκης Ἄτταλος ὁ πρῶτος βασιλεύσας οὕτως γράφει, τὴν μὲν

[5]) (= schol. Vict. M 20. 'Ρῆσος: 'Ροείτης μετωνόμασται, ῥεῖ δὲ πρὸς ἄρκτον ἀπὸ Καλῆς Πεύκης, ἥτις ἀπέχει ἀπὸ Ἀδραμυττείου στάδια ρπ΄, vgl. Gaede a. a. O. S. 32 fr. 31.)

[6]) Die Worte ὁ 'Ρῆσος ποταμός gehören dem Eustathius nicht an und sind zu streichen.

περίμετρον είναί φησι ποδών τεττάρων καὶ εἴκοσι, τι
δὲ ὕψος ἀπὸ μὲν ῥίζης εαν (ἀνιέναι Kramer) ἐπὶ ἑξήκοντα καὶ ἑπτὰ πόδας, εἶτ' εἰς τρία σχιζομένην ἴσον
ἀλλήλων διέχοντα, εἶτα πάλιν συναγομένην εἰς μίαν
κορυφήν, ἀποτελοῦσαν τὸ πᾶν ὕψος δυεῖν πλέθρων καὶ
πεντεκαίδεκα πήχεων. Ἀδραμυττίου δὲ διέχει πρὸς ἀρκ-
τὸν ἑκατὸν καὶ ὀγδοήκοντα σταδίους. Dafs Strabo dies 773
Citat aus Demetrius entlehnt habe, ist nicht zu bezweifeln. Es taucht mitten aus Excerpten, die aus diesem
geschöpft sind, hervor, und nächst Attalus weifs nur Demetrius um die 'Schöne Fichte'.

Wenn die oben ausgezogenen Worte Strabos über den
Rhesos besagen, was man bisher aus ihnen herausgelesen
hat, dafs der Flufs Rhesos jetzt Rhocites heifse, wenn
es nicht etwa der Rhesos sei, welcher in den
Granikos münde, so begreift man nicht, wie Demetrius,
wenn er wirklich einen Flufs des Namens Rhesos entdeckt hatte, dazu kommen konnte, neben diesem noch
ein zweites Gewässer, das nicht den Namen Rhesos führte,
mit dem homerischen Rhesos zu identificiren. Man sollte
meinen, jener Name hätte für ihn entscheidend genug
werden und ein Grund sein müssen, den Träger desselben
einzig und allein als Zeitgenossen Homers zu proclamiren,
ganz abgesehen davon, dafs er auch sonst den Bedin-
gungen, unter welchen Demetrius die vier Flüsse aufzufinden pflegt, in ausreichender Weise entsprach, dafs er
nämlich zu den Nebenflüssen des östlichen Ida zählte und
in den Granikos mündete, nicht weit vom Karesos, dem
dritten der Vier, welcher sich, wie uns Demetrius belehrt, in den Aesepos ergofs. Weshalb ist er also an
zweiter Stelle, der Rhocites an erster genannt, während
das Verhältnifs der beiden zu einander gerade das um-
gekehrte sein musste? Und weshalb ist überhaupt vom
Rhocites die Rede?

Aber dafs wir nicht das Recht haben, den Rhoeites von der Concurrenz um den alten Namen auszuschliefsen, ergiebt sich erstlich aus der Wendung, mit welcher Strabo seine Mittheilung über den homerischen Rhesos einleitet πάλιν δ' οὗτός[7]) φησιν, nämlich Demetrius, und zweitens aus der bestimmten Fixirung der Quellgegend des Rhoeites durch die 'Schöne Fichte', so dafs wir in jenen Worten eine Notiz des Demetrius, und vielleicht seine eigenen Worte zu registriren haben.

Der Fehler ist also in εἰ μὴ ἄρα ὁ εἰς τὸν Γράνικον ἐμβάλλων 'Ρῆσός ἐστιν zu suchen.

Eine definitive Lösung der Schwierigkeit liefern die secundären Quellen nicht. Freilich wäre es möglich, den Knoten zu zerhauen und die Worte zu streichen, wenn man sich entschliefsen möchte, für ein derartiges Verfahren in der Zustimmung der Epitome Strabos eine genügende Entschuldigung zu finden. Denn in der That berichtet diese[*]) nur die den Rhoeites betreffenden Worte und weifs nichts vom Rhesos, der in den Granikos mündet; aber es wäre unvorsichtig, lediglich auf eine solche Autorität hin kurzen Process zu machen, da die fraglichen Worte dem Epitomator sehr wohl in gleicher Fassung, wie uns, haben vorliegen können und seine Kürzung der Worte Strabos eine bewufste gewesen sein kann.

Auch Eustathius bringt keine entscheidende Hülfe. Denn wenn er S. 890, 6 schreibt ὁ δὲ γεωγράφος λέγει ὅτι Καρησηνὴ ὀρεινὴ ἀπὸ Καρήσου ποταμοῦ, ὃς ῥέων, φησί, καλεῖται 'Ροίτης, δοκεῖ δὲ ἐμβάλλειν εἰς τὸν Γράνικον, so begreift man zunächst, dafs er die von ihm excerpirten Worte Strabos nur flüchtig angesehen hat,

---

[7]) Richtiger wohl ὁ αὐτός statt οὗτος.
[*]) Epit. p. 550 (bei Kramer Th. 3) ὅτι ὁ 'Ρῆσος ποταμὸς νῦν καλεῖται 'Ρῆσος.

dafs er sich durch die Aehnlichkeit der beiden Namen Rhesos und Karesos auf den Rhoeites, den er bereits absolvirt hatte, noch einmal zurückführen liefs, und dafs er endlich bei ¹ dieser Gelegenheit die den Granikos betref- 774 fende Notiz in seinen Commentar eintrug, die er weggelassen hatte, als er dieselbe Stelle ein paar Minuten früher in der richtigen Reihenfolge für seine Zwecke auszog. Nun ist zweierlei möglich, entweder hat Eustathius einen von dem heutigen abweichenden Text der Strabonischen Stelle vor sich gehabt, und er las statt $εἰ\ μὴ\ ἄρα\ —\ ἐστὶ$ etwa $ἐμβάλλει\ δὲ\ καὶ\ εἰς\ τὸν\ Γράνικον$, so dafs sich der Rhoeites in den Granikos ergofs, wodurch zugleich der Sitte des Demetrius genügt wurde (was man sich immerhin gefallen lassen könnte, da man nach der sonstigen Manier des Demetrius den Namen des gröfseren Flusses, in welchen sich der kleinere ergossen, fordern darf); oder aber Eustathius hat die Worte $εἰ\ μὴ\ —\ ἐστι$ in seinem Exemplare des Strabo vorgefunden, aber in arger Gedankenlosigkeit auf den Rhoeites bezogen. Ich kann natürlich nicht hindern, dafs sich Jemand für die erste Möglichkeit entscheide, indessen scheint es mir bei der sonstigen Confusion des Excerptes bei Eustathius fast wahrscheinlicher, dafs dieser den Granikos auf den Rhoeites bezogen habe, und ihm jene Gedankenlosigkeit zugebilligt werden dürfe. Sind aber die Worte ächt, so hätte man längst wissen können, dafs für die bisherige Deutung der Stelle Strabos der Wortlaut derselben, wie er in den Ausgaben vorliegt, nicht ausreicht, und dafs es dann wenigstens $εἰ\ μὴ\ ἄρα\ ὁ$ $αὐτὸς\ τῷ\ Ὁμηρικῷ\ ὁ\ εἰς\ τὸν\ Γράνικον\ ἐμβάλλων\ Ῥῆσός$ $ἐστι$ oder ähnlich heifsen mufste. Nach meinem Dafürhalten ist die Stelle verdorben. 'Der homerische Rhesos hat seinen Namen verloren', sagt Demetrius, 'und heifst heutzutage Rhoeites'. Einem solchen Gedanken konnte

kaum etwas anderes gegenüberstehen als 'wenn er nicht
etwa der Flufs ist, der heutzutage … heifst', mit anderen Worten, Demetrius mufste ein paar Flufsnamen
aus seiner Zeit, von gleicher Qualität, den zweiten so
obscur wie den Rhoeites, einander gegenüber stellen, die
nach seiner Ansicht darauf Anspruch machen konnten,
für den alten Rhesos zu gelten. Ich statuire demnach
nach ἐμβάλλων eine Lücke, die ursprünglich durch den
von mir vermifsten Flufsnamen ausgefüllt war.

Ohne Zweifel fand Demetrius den Rhesos nicht vor;
aber der Flufs konnte nach seinem Ermessen, da ein
glaubwürdiger Mann, wie Homer, die Existenz desselben
verbürgte, nicht wohl verloren gegangen sein. Er mufste
also wiedergefunden werden. Leicht genug hat er sich
seine Entdeckung gemacht. Er ruft den ersten besten
Flufs in der Nähe der 'Schönen Fichte' an, fragt ihn
nach seinem Namen, und findet, dafs er zwar jetzt Rhoeites heifse, aber eigentlich Rhesos geheifsen haben müsse.
Vielleicht hat er zugegriffen, weil beide Flüsse mit dem
Hundsbuchstaben anlauten, oder er ist sich, was seinen
Gewohnheiten noch besser zu entsprechen scheint, gar
keines Grundes bewufst gewesen, und hat beide Flüsse
identificirt, weil es ihm so behagte. Er hat auch seinen
Fund, nicht für mehr gehalten, als er in Wirklichkeit
werth war, für einen Einfall von ungefähr; wenigstens
verwirft er den Rhoeites eben so schnell, als er ihn entdeckt hat, und meint, dafs möglichen Falls vor Zeiten
auch ein anderer Flufs der Nachbarschaft der homerische
Rhesos gewesen sein könne.

Auch den Rhodios hält Demetrius in zwei Exemplaren zur gefälligen Auswahl bereit. Auf sein, des Demetrius, Zeugnifs gehen Strabos Worte (S. 603) zurück
₇₇₆ʹPόδιος δὲ ἀπὸ Κλεανδρίας καὶ Γόρδου, ἃ διέχει τῆς
Καλῆς Πεύκης ἑξήκοντα σταδίους· ἐμβάλλει δ' εἰς τὸν

Αἴνιον, und die Notiz bei ebendemselben S. 595 οἳ δὲ τὸν *'Ρόδιον εἰς τὸν Αἴσηπον ἐμβάλλειν φασίν*. Denn dafs auch letztere Worte dem Demetrius angehören, zeigt erstlich der 'Nebenflufs' Rhodios, der völlig im Genre des Demetrius erfunden ist, zweitens die Notiz, dafs er, wie ein anderer der vier Flüsse, der Karesos, seine Mündung in dem Aesepos finde, und vor allen Dingen der Umstand, dafs wir von keiner anderen Schrift wissen, welche, wie die des Demetrius, die vier Flüsse behandelt hätte. Beide Angaben werden ursprünglich bei Demetrius nebeneinander gestanden haben, und sind von Strabo aus irgend welchem Grunde auseinander gerissen worden.

Eine andere Ergänzung des ersten Excerptes ist bei dem Scholiasten zur Ilias *M* 20 und Eustathius S. 890, 8 (fr. 31 G.) erhalten. Letzterer schreibt, ὁ δὲ 'Ρόδιος ποταμὸς παροξυτόνως προφέρεται ... καλεῖται δέ φασιν ὁ ῥηθεὶς 'Ρόδιος Δάρδανος, καὶ ῥέει ἀπὸ τόπου ἀπέχοντος Καλῆς Πεύκης σταδίους ἑξήκοντα, jener, 'Ρόδιος παροξυτονητέον ὡς κύριον. Δάρδανος καλεῖται· ῥεῖ δὲ ἀπὸ Κλεωνδρίας ἐχούσης (l. Κλεανδρίας διεχούσης) Καλῆς Πεύκης σταδίους ἑξήκοντα. Auch Hesychius gehört hierher, welcher dem Homer-Scholiasten folgt, 'Ρόδιος ποταμὸς ὁ νῦν Δάρδανος. Wir lernen also zu Strabo hinzu, dafs der bei Homer Rhodios geheifsene Flufs zu Demetrius' Zeit den Namen Dardanos geführt habe, jener Rhodios nämlich, dessen Quelle von der Schönen Fichte sechzig Stadien absteht und der in den Aenios mündet. Die Namen der Städte Kleandria und Gordos, sowie der des Flusses Aenios sind nur bei Demetrius zu lesen. Den Aenios in den Aesepos zu verwandeln, wie Kramer will, oder aus den beiden Städtenamen Leandria und Gergithos zu machen, dazu sehe ich keinen Grund. Im Gegentheil erscheinen bei Leuten wie Demetrius unbekannte Namen wie gerufen und natürlich.

Ueber den Karesos meldet uns Demetrius (fr. 29 G.) durch den Mund Strabos (S. 602) Folgendes: Συμπίπτει (l. ἐμπίπτει) δ' εἰς αὐτόν (nämlich Σκάμανδρον) ὁ Ἄνδιρος (l. Ἄνδειρος) ἀπὸ τῆς Καρησηνῆς, ὀρεινῆς τινὸς πολλαῖς κώμαις συνοικουμένης καὶ γεωργουμένης καλῶς, παρακειμένης τῇ Δαρδανικῇ μέχρι τῶν περὶ Ζέλειαν καὶ Πιτύειαν τόπων· ὠνομάσθαι δὲ τὴν χώραν φασὶν ἀπὸ τοῦ Καρήσου ποταμοῦ, ὃν ὠνόμακεν ὁ ποιητής,

Ῥῆσός θ' Ἑπτάπορός τε Κάρησός τε Ῥοδίος τε.

τὴν δὲ πόλιν κατεσπάσθαι τὴν ὁμώνυμον τῷ ποταμῷ. πάλιν δ' οὗτος (l. ὁ αὐτός) φησίν (nämlich Demetrius) ... Κάρησος δ' ἀπὸ Μαλοῦντος ῥεῖ, τόπου τινὸς κειμένου μεταξὺ Παλαισκήψεως καὶ Ἀχαιίου τῆς Τενεδίων περαίας· ἐμβάλλει δ' εἰς τὸν Αἴσηπον. Auch hier bieten der Scholiast und Eustathius erwünschte Ergänzung. Ὁ δὲ Κάρησος, sagt Letzterer, ἐμβάλλων εἰς τὸν Αἴσηπον ὕστερον Πίδυς ἐκλήθη, ... ἀπὸ δὲ τοῦ Καρήσου ποταμοῦ καὶ χώρα τις Καρησηνὴ λέγεται, ἣν ὁ ἰδιωτισμὸς Κερασηνήν φησιν. Der Scholiast schreibt Πίδυς καλεῖται, ῥεῖ δὲ ἁπλοῦντος (l. ἀπὸ Μαλοῦντος)· ἐμβάλλει γὰρ εἰς Αἴσηπον. Wie Demetrius versichert, hatte also auch der Karesos seinen homerischen Namen aufgegeben und statt dessen den Namen Pidys eingetauscht, der, beiläufig bemerkt, sonst unerhört und schwerlich etwas anderes als eine Erfindung des Demetrius ist. Dafs freilich der Name der Landschaft Καρησηνή fortbestanden haben soll, während der Flufs, der ihr den Namen gegeben, seinen Namen änderte, ist unglaublich. Denn war einmal jene Gegend nach dem Flufs benannt, so mufste sie nothwendigerweise die Anwohner des Flusses im Gedächtnifs und Gebrauch des an sie selber anklingenden Flufsnamens erhalten. So lange eine Landschaft von der Ausdehnung und Cultur, wie sie Demetrius von Karesene aussagt, den Namen Karesene beibehielt, konnte das durch sie fliefsende Gewässer seinen Namen Karesos nicht in einen anderen umsetzen. Ich zweiflo nicht, dafs der Name der Landschaft, den nur Demetrius kennt, auf seine Rechnung geschrieben werden mufs, und dafs er eine ebenso willkührliche Erfindung ist, wie die des πεδίον Σιμούντιον, über dessen Nullität ich an einem anderen Orte gesprochen habe. Und gleich überflüssig war es, eine Stadt Karesos hinzu zu erfinden, die wieder nur von Niemandem gekannt wird als von Demetrius.[9]) Sie war zerstört, schreibt er, κατεσπασμένη, und menschenleer und verlassen, ἐρήμη, aber er weifs, dafs sie den gleichen Namen mit dem Flufs führte. 'Mit Καρησηνή fällt natürlich auch der Idiotismus Κερασηνή, eine Verunstaltung, wie Demetrius uns glauben machen will, des alten Namens durch den Volksmund, 'das Kirschenland', die aber ohne Zweifel auch nichts weiter als eine Fiction des Demetrius ist.

Wenn ferner der Scholiast zur Ilias M 20 schreibt Τυραννίων ὀξύνει τὸ Κάρησος ὡς Παρνασσός, οὕτως γὰρ ὑπὸ Κυζικηνῶν ὀνομάζεσθαι τὸν ποταμόν, wenn also Tyrannio erzählt, dafs die Leute von Kyzikos gewohnt gewesen seien, Κάρησος auf der letzten statt auf der drittletzten Silbe zu betonen, so erscheint diese Nachricht im höchsten Grade unwahrscheinlich. Denn das dürfen wir Demetrius aufs Wort glauben, dafs zu seiner Zeit der Name Karesos aufser Curs gesetzt war. Es ist also nicht wohl glaublich, dafs ein Flufs, der im zweiten Jahrhundert vor Christo in dem Thale, das er bewässerte, seinen alten Namen Karesos nicht mehr führte, sich noch in der Zeit des Tyrannio, einhundert Jahre später, mit dem

---

[9]) Die Glosse des Hesychius, Καρησσὸς πόλις καὶ ποταμός, geht natürlich auf Demetrius zurück.

längst verklungenen Namen im Mund und Gebrauch der Leute von Kyzikos erhalten haben solle. Solche Namen werden allenfalls durch Gelehrte fortgepflanzt, aber nicht durch ein städtisches Publicum, das aus vergefslichen Individuen besteht. Hat also Tyrannio seine Weisheit persönlich in Kyzikos aufgelesen, so verdankt er sie den Lokalantiquaren jener Stadt, die sich pflichtgemäfs mit homerischer Geographie beschäftigten und wohl darauf versessen waren, über die Betonung von $Κάρησος$ eine eigene Meinung zu haben, wenn auch eine verkehrte.

Ueber den Heptaporos endlich theilt Strabo S. 603 nach Demetrius Folgendes mit: $'Επτάπορος\ δὲ,\ ὃν\ καὶ\ Πολύπορον\ λέγουσιν,\ ἑπτάκις\ διαβαινόμενος\ ἐκ\ τῶν\ περὶ\ τὴν\ Καλὴν\ Πεύκην\ χωρίων\ ἐπὶ\ Μελαινὰς\ κώμην\ ἰοῦσι\ καὶ\ τὸ\ Ἀσκληπίειον\ ἵδρυμα\ Λυσιμάχου$. So hatte Demetrius ohne Zweifel nicht geschrieben. Ich bin überzeugt, dafs wir ein mangelhaftes Excerpt Strabos vor uns haben, worauf auch die Stilisirung des ganzen Satzes führt, da das regierende Verbum fehlt. Leider lassen uns der Scholiast und Eustathius, die uns bisher mit Supplementen versorgt haben, für dieses Mal im Stich, abgerechnet, dafs ersterer mittheilt, der Heptaporos sei nordwärts geflossen, was mit | Demetrius' Bericht über die anderen drei Flüsse übereinstimmt. Indessen sind wir mit der Manier, nach welcher letzterer über die vier Flüsse verfügt, in so weit vertraut worden, dafs wir es schon einmal darauf wagen dürfen, den Ausfall durch eigene Vermuthung zu decken. Auch beim Heptaporos wird also Demetrius nicht verfehlt haben, uns den Abstand seiner Quellen von der 'Schönen Fichte' zu melden; er wird einen zweiten, der späteren Zeit angehörigen Namen des Flusses zu nennen gewufst und auch das nicht verschwiegen haben, dafs der Heptaporos, wie Rhodios, Rhesos und Karesos, ein Nebenflufs gewesen und durch

Vermittlung des gröfseren Flusses nordwärts geflossen sei. Dafs er ihn zu einem Nebenflusse herabgemindert habe, scheint sich mir mit hinlänglicher Sicherheit aus der von Demetrius beliebten Deutung des Namens Heptaporos zu ergeben. Das Wort bedeutet sonst, wenn es als Epitheton von Flüssen gebraucht wird, soviel als ἑπτάστομος, mit sieben Mündungen, ist also seiner eigensten Natur nach als ein Anhängsel an Hauptflüsse geschaffen. Und so heifst ἑπτάπορος der Nil bei Moschus 1, 51, Dionysius Periegetes 264, Nonnus Dion. 11, 511, gleichwie πεντάπορος, der Flufs mit fünf Mündungen, der Ister bei Dionysius 301. Hätte Demetrius den Heptaporos als einen Flufs bezeichnen wollen, der selbständig ins Meer münde, so würde er die landläufige Bedeutung des Adjectivs ἑπτάπορος nicht von der Hand gewiesen und in demselben den Flufs mit sieben Mündungen wieder erkannt haben, als der er von dem Dichter, welcher diesen Flufs erfand, ohne allen Zweifel gedacht worden ist. Aber da der Flufs nach der von Demetrius beliebten Schablone einen Nebenflufs darstellen sollte, so mufste eine Deutung des ἑπτάπορος ausfindig gemacht werden, welche sich mit dem Begriff eines Nebenflusses vereinigen liefs. Der Flufs mit sieben Mündungen wurde also in einen solchen umgeändert, welcher, wenn man einen bestimmten Richtweg, nämlich von der Schönen Fichte bis zum Dorfe 'Schwarza' wanderte, sieben Mal überschritten werden mufste, und um die Sache glaublich zu machen, wird noch eine Reihe Beispiele ähnlicher Richtwege hinzu erfunden. Es ist eben die Deutung eines Grammatikers, der sich mit oder ohne Geschick aus der Schlinge, die er sich selber um den Hals gelegt, zu ziehen versucht. Dafs Πολύπορος nicht als der zweite Name des Heptaporos zu gelten hat, sondern nichts ist, als die Erklärung des Grammatikers, welcher sich bewufst war, dafs in lokalen Dingen die

Siebenzahl häufig nur eine Vielheit bezejchne, braucht nach dem Bemerkten kaum gesagt zu werden. Ich denke, diese wenn auch noch so unzulänglichen und mangelhaften Fragmente haben deutlich genug geredet, um den Demetrius als den charakterisirt zu haben, der er wirklich war, als einen nicht ganz sauberen Topographen, für den, wenn er nicht weiter konnte, Willkühr und Phantasterei Trumpf waren, und dem es auf eine Handvoll Lügen nicht ankam. Die von ihm auf dem östlichen Ida aufgefundenen 'Nebenflüsse' stehen zu den homerischen in keinem Verhältnifs; es sind Fictionen eines Menschen, der wie ein gewandter Allerweltsgrammatiker für jeden neugierigen Frager eine fixe Antwort bereit hielt. Das Schablonenhafte der Lüge, das in der Kaiserzeit geradezu schulmäfsig entwickelt war, scheint hier in den ersten Anfängen vorzuliegen, freilich selbst für sonst naive Leser nicht·ganz unverdächtig. Wenigstens Strabo selber, welcher die Allwisserei des Menschen gläubig und lange ertragen und ihm, wie er sich ausdrückt, als einem einheimischen und erfahrenen Mann gern das Wort gegönnt hat, verliert endlich die Geduld. Er referirt am Schlufs der aus Demetrius entlehnten Mittheilung über die vier Flüsse aus derselben Quelle einiges weitere über gewisse Städte, und endlich über eine nur Demetrius bekannte, das heifst, von diesem fingirte Stadt Argyria. Jetzt hat ers genug; er schliefst sein Referat mit dieser Stelle, und verhöhnt den Demetrius, der alles Homerische wiederfinde und dem nichts unmöglich sei, erklärt geradezu, dafs der Grammatiker Argyria erfunden habe, um gewisse Worte Homers nicht umkommen zu lassen, ὅπως σωθείη τὸ

ὅθεν ἀργύρου ἐστὶ γενέθλη (*B* 857)

und fragt, wo denn Alybe liege oder Alope, oder wie man sonst den Namen zu verhunzen beliebe? Man solle sich doch die Stirn reiben und auch dies noch fingiren und nichts unversucht lassen, da man doch einmal in so frecher Weise vorgegangen sei. [10]) Ohne Zweifel ist Strabo nicht um des einen Argyria willen in solche Aufregung gerathen. Er mag aus Demetrius' Schrift über Troas excerpirt haben was ihm plausibel erschien, ist wohl an einer Menge Abenteuerlichkeiten, die an demselben Wege lagen, und die er als solche erkannt, vorbeigegangen, und schreibt seine Invectiven unter dem Eindruck jener Schwindeleien.

Von keiner Bedeutung für die Frage nach der Wirklichkeit der vier Flüsse ist Nonnus, welcher zwei von ihnen, den Heptaporos und Rhesos, in seinem Hauptgedicht 3, 193 erwähnt. Wenn er vom alten König Dardanos schreibt

καὶ ῥόον Ἑπταπόροιο πιὼν καὶ χείματα Ῥήσου
γνωτῷ κλῆρον ἔλειπεν ἔχειν καὶ σκῆπτρα Καβείρων,

so hat er nach Art der Dichter, welche auf troische Sage anspielen, die geographischen Namen, welche er verwendet, ohne Umstände aus Homer entlehnt. Gleich nichtige Bedeutung hat auch die Erwähnung des Flusses Rhesos durch Strabo S. 590 πολλαὶ δ' ὁμωνυμίαι Θρᾳξὶ καὶ Τρωσίν, οἷον Σκαιοὶ Θρᾳκές τινες καὶ Σκαιὸς ποταμὸς καὶ Σκαιὸν τεῖχος καὶ ἐν Τροίᾳ Σκαιαὶ πύλαι· Ξάνθιοι Θρᾷκες, Ξάνθος ποταμὸς ἐν Τροίᾳ· Ἄρισβος ὁ ἐμβάλλων εἰς τὸν Ἕβρον, Ἀρίσβη ἐν Τροίᾳ· Ῥῆσος ποταμὸς ἐν Τροίᾳ, Ῥῆσος δὲ καὶ ὁ βασιλεὺς τῶν Θρακῶν, in welchen Worten eine Serie Homonymien zusammengestellt, aber keine geographischen Mittheilungen gemacht werden. Auch Parthenius, der in der letzten seiner Liebesgeschichten eines Flusses Rhesos in der Nähe Trojas gedenkt, beweist für die Wirklichkeit des homerischen Rhesos nichts. Er

---

[10]) Etwas ruhiger behandelt Strabo dieselben Namen XII S. 550.

erzählt, der Thrakerfürst Rhesos habe vor Troja an einem
Flusse gekämpft, der 'jetzt' nach ihm Rhesos heifse, und
sei von Diomedes erschlagen worden. Woher Parthenius
seine Erzählung entlehnt hat, ist unbekannt, und für
unseren Fall gleichgültig. Es genügt sich klar zu machen,
dafs es dem Erfinder derselben darauf ankam, die Entstehung des Namens des homerischen Flusses Rhesos
durch ein Geschichtchen zu erklären. | Da war es denn
natürlich, den Namen von dem Thraker Rhesos abzu-
leiten, und es war eben so natürlich, das oft wiederholte
Motiv zu nützen, dafs Flüsse gelegentlich ihre Namen
von Menschen erhielten, die an ihnen oder in ihnen ihr
Ende gefunden hatten. Die Lust an Metonomasien scheint
dem Parthenius oder seiner Quelle fern gelegen zu haben,
sonst würde man von ihm auch den früheren, natürlich
gleichfalls fingirten Namen des Rhesosflusses erfahren
haben. So begnügt sich der Schöpfer des Geschichtchens
mit dem Nachweis, woher der Name jenes Flusses Rhesos
stamme.

Wenn Parthenius schreibt, dafs Rhesos ἐπὶ ποταμῷ
τῷ νῦν ἀπ' ἐκείνου 'Ρήσῳ καλουμένῳ gefallen sei, so
ist natürlich damit nicht gesagt, dafs der Name des
Flusses Rhesos zur Zeit des Parthenius in Wirklichkeit
fortgedauert habe, sondern der Dichter Parthenius spricht,
der das Andenken an den in der Ilias erwähnten Flufs
Rhesos bis auf seine Zeit fortführt. Er fafst den Namen
als ein geographisches Vermächtnifs Homers, als die Ueber-
lieferung eines geographischen Namens, der von Homers
Zeit bis zu seiner, des Parthenius, fortdauert, da gegen
seine Existenz von Niemand Widerspruch erhoben worden
war. Lokalisirt wird natürlich dieser Rhesos nicht.

Auch Strabo, der S. 583 vom Ida bemerkt, εὐυδρό-
τατον γὰρ κατὰ ταῦτα μάλιστα τὸ ὄρος, δηλοῖ δὲ τὸ
πλῆθος τῶν ποταμῶν,

— 89 —

ὅσσοι ἀπ᾽ Ἰδαίων ὀρέων ἅλαδε προρέουσι,
'Ρῆσός θ᾽ Ἑπτάπορός τε

καὶ οἱ ἑξῆς, οὓς ἐκεῖνος εἴρηκε καὶ ἡμῖν νυνὶ πάρεστιν ὁρᾶν, ist nicht mifszuverstehen. Die Worte καὶ ἡμῖν νυνὶ πάρεστιν ὁρᾶν sind nicht gesagt, als rede Strabo als Augenzeuge, denn er hat, wie gesagt, Troas nie besucht, sondern er bezieht sich auf seine Quellen, die von den bei Homer erwähnten Flüssen des Ida reden, als existirten sie in ihrer Gesammtheit heute noch.

Wichtiger, als die oben angeführten Stellen des Nonnus, Parthenius, Strabo erscheinen einige von Demetrius unabhängige Worte Strabos S. 595, welche sich wie eine positive Mittheilung ausnehmen, ἔστι τοίνυν μετ᾽ Ἄβυδον ἥ τε Δαρδανὶς ἄκρα, ἧς μικρὸν πρότερον ἐμνήσθημεν, καὶ ἡ πόλις ἡ Δάρδανος, διέχουσα τῆς Ἀβύδου ἑβδομήκοντα σταδίους· μεταξύ τε ὁ 'Ροδίος ἐκπίπτει ποταμός, καθ᾽ ὃν ἐν τῇ Χερρονήσῳ τὸ Κυνὸς σῆμά ἐστιν, ὅ φασι Ἑκάβης εἶναι τάφον, und von einem historischen Rhodios zwischen Dardanos und Abydos reden.

Eine Münze aus Dardanos mit dem Bild der Julia Domna und dem eines Flufsgottes, welchem ΔΑΡΔΑΝΩΝ ΡΟΔΙΟΣ beigeschrieben ist (bei Mionnet 2 Nr. 181), scheint dasselbe zu lehren.

Sonst freilich kennt Niemand einen historischen Rhodios. Plinius weifs in seiner Naturgeschichte (V 124) von einem solchen so wenig, wie von einem wirklichen Rhesos oder Heptaporos oder Karesos; denn nachdem er über Skamander und Simois berichtet, fährt er fort, *ceteri Homero celebrati Rhesus, Heptaporus, Caresus, Rhodius, vestigia non habent.* Ich glaube, dafs eine derartige Negation, die darauf hinzuweisen scheint, dafs die vier Flüsse in Troas gesucht, aber nicht gefunden worden seien, nicht zu unterschätzen ist. Dazu kommt, dafs auch Demetrius von einem Rhodios bei Dardanos nichts weifs, 780 dafs jener zwischen Dardanos und Abydos gelegene Flufs zu Demetrius' Zeit einen anderen Namen gehabt haben wird; wenigstens scheint dies daraus hervorzugehen, dafs der Grammatiker nach dem homerischen Rhodios an entgegengesetzter Stelle, auf dem östlichen Ida gesucht hat. Man darf voraussetzen, dafs Demetrius, ein Mann, der in der Gegend von Troas Bescheid wufste, auch die Küste des Hellespontes zwischen Dardanos und Abydos begangen und besichtigt haben wird, und es erscheint nur natürlich, dafs, wenn zu seiner Zeit bei Dardanos ein Gewässer unter dem Namen Rhodios ins Meer gegangen wäre, er dasselbe, da es den Andeutungen Homers besser als jene Flüsse des östlichen Ida entsprach, willkommen heifsen mufste. Ich kann nicht glauben, dafs Demetrius aus purer Lust am Anderswissen, oder, weil er zur höheren Ehre seiner Vaterstadt Skepsis die Quellen der vier Flüsse in der Umgegend derselben vereinigen wollte, sich habe verführen lassen, der Wahrheit ins Gesicht zu schlagen und einen Namen, der dem Volksmunde geläufig sein mufste, zu ignoriren oder als fälschlich verliehen zu bezeichnen.

Woher der Rhodios bei Dardanos stamme, darüber läfst sich freilich nur eine Vermuthung äufsern. Vielleicht hat Demetrius selber durch sein Werk über Troja, das einen gewissen Ruf erlangt hatte, Veranlassung zur Taufe des bei Dardanos mündenden Flusses gegeben. Der von ihm als identisch mit dem homerischen Rhodios bezeichnete Dardanos mag die Bewohner der Stadt Dardanos oder vielmehr ihre Lokalgelehrten darauf gebracht haben sich den Rhodios anzueignen und in ihrer nächsten Nähe zu entdecken. Die Dardaner werden, wie die Bewohner von Neu-Ilium und der anderen Städte des troischen Gebietes, eine Ehre darein gesetzt haben, Reliquien aus homerischer Zeit zu besitzen und so mögen sie frisch darauf los getauft haben. Der Name Rhodios scheint populär geworden zu sein. Caracalla, der vor Neu-Ilium homerische Anwandlungen hatte, machte ihn sogar officiell, indem er die erwähnte Münze mit dem Bilde eines Flufsgottes und der Legende Rhodios prägen liefs. Nicht anders musste sich zur Zeit des Demetrius der heutige Dumbrek gefallen lassen, auf den Namen Simois getauft zu werden, und ebenso sind zwei kleine Flüsse in der Nähe von Segesta in Sicilien, angeblich auf Veranlassung flüchtiger Troer, mit den Namen Skamander und Simois (Diodor 20, 71; Strabo S. 608) belegt worden. Unter dem Namen Simois erscheint auch in Kreta ein Flufs (Scholiast zur Ilias 12, 22), ein anderer unter demselben Namen in Epirus (Virgil Aen. 3, 303), und natürlich werden beide zum Gedächtnifs der Ilias so benannt worden sein.

Nach dem Vorherbemerkten darf ich nunmehr als meine Ueberzeugung aussprechen, dafs Rhesos, Heptaporos, Karesos und Rhodios zu denjenigen Flüssen der Ilias zählen, welche in Wirklichkeit nicht aufgefunden worden sind und dafs sie ihre Entstehung dem Dichter verdanken, welcher den Eingang des zwölften Buches der Ilias interpolirte und für gut befand, die von Apoll und Poseidon zur Zerstörung der Griechenmauer aufgebotenen Kräfte als besonders energisch darzustellen. Dafs er bei den Vieren gar nicht auf das Auffinden wirklich vorhandener Flüsse des Ida ausging, zeigt die Beobachtung, dafs er den Satniocis ignorirte, einen Flufs, der es, was seine Stromentwickelung anbetrifft, mit dem Skamander, Granikos und Aesepos wol aufnehmen kann. Der Dichter hielt eben keine Umschau, fing vom Skamander an, bewegte sich ostwärts, und da auf der Uferlinie zwischen Skamander und Aesepos keine Flüsse von Rang strömen, so war er darauf angewiesen, die von ihm für nöthig befundenen Flufsnamen auf eigene Hand zu bilden. Dafs er den Namen des Flusses Rhesos von dem Thrakerfürsten entlehnte, ist mehr als wahrscheinlich. Ob der Name Rhesos den Dichter zur Bildung des 'Karesos' angeleitet habe, mögen Berufenere entscheiden; in den Namen Heptaporos und Rhodios sind Adjectiva zu Eigennamen erhoben. Da übrigens alle vier Namen in einen einzigen Hexameter zusammengedrängt sind, und als sonst unbekannte, nur an jener Stelle genannte, mit den vier anderen, wohlbekannten Namen nicht recht stimmen wollen, überdies jene wohlbekannten vier zu dem Geschäft des Apollon als ausreichend angesehen werden können, so liegt der Gedanke nahe genug, dafs der Vers mit den vier unbekannten von einem zweiten Interpolator eingeschoben sein möge, freilich immer noch in so früher Zeit, dafs Hesiod ihn in seinem Exemplare der Ilias vorfinden konnte. Der Fälscher hielt die vier bekannten Flüsse zu dem Werke der Zerstörung nicht für genügend, oder meinte, dafs, wenn einmal ein Wunder geschehen solle, man ein Uebriges thun und die Zahl der agirenden Flüsse verdoppeln dürfe.

IV
ZU HOMERS ODYSSEE XVII 302.
[Hermes XII S. 391.]

Von Argos, der seinen Herrn wieder erkennt, heifst es
δὴ τότε γ᾽ ὡς ἐνόησεν Ὀδυσσέα ἐγγὺς ἐόντα
οὐρῇ μέν ῥ᾽ ὅγ᾽ ἔσηρε καὶ οὔατα κάββαλε ἄμφω,
ἆσσον δ᾽ οὐκέτ᾽ ἔπειτα δυνήσατο οἷο ἄνακτος
ἐλθέμεν.

Zu dieser Stelle sind in neuerer Zeit in derselben Ausgabe kurz nach einander drei verschiedene Erklärungen vorgetragen worden. Nach der ersten läfst Argos 'die Ohren sinken zum Zeichen der Trauer über seine Schwäche, die ihm nicht mehr gestattet, seinem Herrn wie vor zwei Jahrzehnten entgegenzuspringen'; die zweite lehrt, dafs unsere Verse im Gegensatze zu 291 ἂν δὲ κύων κεφαλήν τε καὶ οὔατα κείμενος ἔσχεν Ἄργος gesagt sind, und dafs Argos 'die Ohren sinken läfst, sowie er seinen Herrn erkennt und sich so in seinem Affect befriedigt fühlt'. Die erste Erklärung hat der Verfasser billigerweise aufgegeben; denn aus Trauer über seine körperliche Schwäche läfst ein Mensch wohl die Flügel hängen, aber kein Hund die Ohren; für die zweite dagegen wird Glaubwürdigkeit beansprucht, da, wer das Gebahren der Hunde beobachtet habe, die Richtigkeit derselben bestätigt finden werde. Dennoch ist sie kaum besser als die erste. Eine allerneueste Modificirung dieser zweiten Erklärung, wonach das Hängenlassen der Ohren Freundlichkeit und Kraftlosigkeit zugleich bedeuten soll, geht gleichfalls in der Irre, und auch was noch in der neuesten Auflage der Odyssee von Fäsi zu lesen steht, dafs Argos seine Ohren zum Zeichen der nach der letzten Anstrengung eintretenden Erschöpfung hängen lasse, wäre besser ungeschrieben geblieben; denn jene vorgeblich erschöpfende letzte Anstrengung des Hundes bestand thatsächlich nur darin, dafs er Kopf und Ohren in die Höhe richtete. Es liegt auf der Hand, dafs die beiden Sätze οὐρῇ μέν ῥ' ὅγ' ἔσηρε und οὔατα κάββαλεν ἄμφω einander parallel gesetzt sind, dafs also in dem zweiten Satze von einer Bewegung der Ohren die Rede sein mufs, die ihrer Bedeutung nach dem Wedeln mit dem Schwanze entspricht. Nun weifs aber jeder Kenner, dafs Hunde mit unbeweglichen Ohren, z. B. Schweifshunde, ihren 'Affect' nur mit dem Schwanze 'befriedigen', dafs dagegen Hunde, die bewegliche Ohren haben, z. B. Saufänger, nicht blos mit dem Schwanze, sondern auch mit den Ohren zu schmeicheln pflegen, und zwar eben dadurch, dafs sie sie hängen lassen. Der Hund verführt folgendermafsen. Bevor er seinen Herrn auf weitere Entfernung erkennt, pflegt er, wenn er auf ihn aufmerksam wird, die Ohren zunächst zu heben, und erst dann, wenn er ihn erkannt hat, läfst er sie plötzlich fallen, und geht ihm mit hängenden Ohren und unter Wedeln mit dem Schwanze entgegen. Καταβάλλειν οὔατα ist also schlechterdings nichts anderes als ein Ausdruck, der den schmeichelnden Hund kenzeichnet, und der sich an οὐρῇ ἔσηρε in natürlichster Weise anschliefst. In diesem Sinne haben ihn auch andere Griechen gebraucht. Bei Hesychius heifst es unter Κυλλαίρων κάτω: Σοφοκλῆς Φαίδρᾳ, τὰ ὦτα καταβαλών, ὅπερ οἱ σαίνοντες (κύνες fügt Hemsterhuys hinzu) ποιοῦσιν, Ἔσαιν' ἐπ' οὐρὰν ὦτα κυλλαίρων κάτω. Somit ist auch klar, dafs man bei der Schilderung des Cerberus in Hesiods Theogonie 770 σαίνει ὁμῶς οὐρῇ τε καὶ οὔασιν ἐς μὲν ἰόντας ἀμφοτέροισι und in Philostratus Her. S. 284 Kays. περίεισι γάρ με προσκνυζόμενος τοῖς ποσὶ καὶ παρέχων τὸ οὖς ἁπαλόν τε καὶ πρᾶον an hängende Ohren zu denken hat. Horazens Worte (Oden 2, 13, 33) *ubi illis carminibus stupens demittit atras bellua centiceps aures* werden von Herrn Schütz dahingedeutet, dafs der Cerberus, wie mancher Mensch, sein 'Interesse an der Musik' durch Einschlafen bethätige und dabei die Ohren senke. Aber von Schlaf finde ich trotz alles Suchens nichts im Text, hier so wenig als bei Seneca de Brevitate vitae II 5, *ille aures suas ad verba tua demisit;* vielmehr schmeichelt der Cerberus mit seinen Ohren so gut wie Argos, nur mit dem Unterschied, dafs er in diesem Falle über reichere Mittel gebietet als sein Collegc. Denn während Argos seinem Herrn nur mit zwei Ohren entgegenschmeichelt, läfst der hundertköpfige Höllenhund zum Zeichen seiner unbegrenzten Unterthänigkeit baare zweihundert Ohren hängen. Ich bemerke noch, dafs zu den Worten des Philostratus οὖς ἁπαλόν τε καὶ πρᾶον der Scholiast zu Aristophanes Frieden 156 ἀλλ' ἄγε, Πήγασε, χώρει χαίρων, χρυσοχάλινον πάταγον ψαλίων διακινήσας φαιδροῖς ὠσίν verglichen werden kann, welcher das vorletzte Wort der eben ausgeschriebenen Stelle durch πραέσι, μὴ ὀρθοῖς erläutert.

V
WEITERES IN SACHEN DER ARGOSOHREN.

[Hermes XII S. 513.]

Ein Freund weist mir nach, dafs in einer von Schiefner aus dem Tibetischen Kandjur in den *Mélanges Asiatiques tirés du Bulletin de l'Académie Impériale des sciences de St. Pétersbourg* t. VII S. 696 mitgetheilten Indischen Erzählung folgendes zu lesen steht.

Der weise Mahaushadha räth einem Brahmanen, dem es darum zu thun ist, den Liebhaber seiner Frau ausfindig zu machen, acht Brahmanen zur Bewirthung zu laden. Ein Dienstmann erhält die Weisung, sich vor Beginn der Mahlzeit an der Hausthür aufzustellen und zuzuschauen, welchen der eintretenden Brahmanen der Hund des Hauses anbellen und welchen er anwedeln werde. 'Solcher Art ist die Natur der Hunde.' Dann heifst es, 'als die Gäste nach einander eintraten, bellte der Hund; als aber Mahâkarṇa eintrat und der Hund ihn erblickte, liefs er die Ohren hängen, wedelte mit dem Schwanze und folgte ihm nach.'

www.ingramcontent.com/pod-product-compliance
Lightning Source LLC
Chambersburg PA
CBHW031119160426
43192CB00008B/1039